L'ÉVOLUTION

DRAMATIQUE & MUSICALE

en 1893

ANTOINE — COLONNE

L'ÉVOLUTION

DRAMATIQUE & MUSICALE

EN 1893

(ANTOINE — COLONNE)

par

ALCANTER DE BRAHM

PARIS

Jules SOUQUE, Editeur
52, *Rue de Rome*
1893.

A Monsieur Louis ZORN.

Directeur de la Revue du XXᵉ Siècle, je présente cet hommage de sincère sympathie et de confraternelle reconnaissance.

A. de BRAHM.

L'EVOLUTION

DRAMATIQUE & MUSICALE

EN 1893

I.

L'EVOLUTION DRAMATIQUE

Antoine et le Théâtre-Libre

—·()—

ORIGINES.

Vers la fin de l'année 1886, dans la plupart des classes de rhétorique, le dernier mot sur le théâtre était, je m'en souviens fort bien encore, le respect des classiques et de ceux d'entre les contemporains qui continuaient leurs traditions. J'ai de mes yeux vu un candidat refusé aux examens du baccalauréat pour avoir, dans les épreuves orales, soutenu trop chaleureusement la cause des romantiques, préféré Hugo à Ponsard, et déclaré que la querelle de ces derniers avec les classiques avait pour jamais enterré la fameuse question des trois unités, laquelle suggéra aussi, dans son temps, de vives discussions.

Il paraît que la Sorbonne et l'Université avaient de réelles raisons de mettre à l'index le théâtre de Victor Hugo, voire surtout celui de Félix Pyat, car je n'ai pas souvenance d'un seul professeur qui eût osé faire à ses élèves un cours sérieux sur le premier, ni même une allusion au second. Qu'étaient-ce donc que les principes de littérature contemporaine indiqués dans les programmes comme les derniers jalons de la préparation aux examens? De vagues données sur des œuvres trop présentes à tous les esprits pour qu'on les pût garder sous silence, des appréciations sur les *Nuits* ou les *Orientales,* sur l'*Honneur et l'Argent* ou les *Enfants d'Edouard,* clichées d'après un cours de littérature sorti du cerveau de quelque Brunetière, désireux d'augmenter ses appointements par quelques droits d'auteur, d'ajouter à son crédit professionnel, et de se faire un nom parmi les collègues et les élèves des hautes classes.

Parfois aussi, c'étaient des lectures d'Alfred de Vigny, de Musset, d'Augier ou d'Octave Feuillet. Je ne veux nullement médire sur le théâtre de ce dernier qui renferme de belles pages, mais j'avoue que rester en extase sur *Echec et Mat,* serait se retarder démesurément, si l'on considère, comme je pense le faire ici, le progrès du véritable théâtre depuis sept années.

Or, tandis que les maîtres nous enseignaient encore l'admiration de la forme et du convenu, les affiches théâtrales des colonnes Morris devant lesquelles, dès ma jeunesse, j'aimais à m'attarder, me semblèrent se soucier fort légèrement de ce progrès.

D'une part, je voyais ridiculiser le bourgeois par toute une série d'auteurs autorisés, descendant en droite ligne d'Augier et de Labiche; de l'autre, des pièces à grand ramage, au-dessus du titre desquelles s'étalait toujours quelque nom d'étoile en vogue, tels ceux de Judic, de Granier, de Zulma Bouffar ou d'Ugalde; les pièces devant être faites pour ces personnes, il devenait aisé de juger de leur niveau intellectuel. Il n'y avait pas jusqu'à Mme Sarah Bernhardt, femme d'esprit, qui ne se fît monter des pièces à sa taille, et mit ainsi à cruelle contribution le divin Sardou.

Quant aux autres ours, j'appris par la suite, non sans une certaine aigreur contre les mœurs de notre temps, que c'étaient de simples petites ordures déposées çà et là, en passant, par quelques auteurs à la mode qui font la navette, de théâtre en théâtre, soucieux de compléter leur budget ou d'offrir de ruineuses bagatelles aux dames de leurs pensées avec l'argent du bon public.

Cette ordure, il leur suffisait de la mettre en évidence, recouverte de papier blanc immaculé et munie de leur paraphe, pour que, ramassée aussitôt par un directeur, avide lui aussi de bénéfices, et qui eût jeté pour mieux la retenir, le bouquet de roses de toute une pléiade, elle fût immédiatement consacrée en des feuilletons hebdomadaires, par de gros critiques omnipotents, bien ventrus, éternels bénisseurs du convenu et rebelles à toute tentative d'art non encore imposée. Il est si facile, en effet, de blaguer ce que l'on n'a pas écouté. C'est d'un confrère connu, qui est déjà l'auteur de telle pièce à grand fracas, où Mlle Une Telle exhiba de si belles formes; donc rien à bêcher sur le fond.

Je n'insiste pas sur les petites ignominies qu'on

nous force à tolérer, voire à encenser chaque hiver, sous le nom de Revues de fin d'année. Ces revues accaparent nombre de scènes qui seraient beaucoup plus utilement employées à de toutes différentes tentatives d'art. Mais quoi, on dispute aux Cafés-Concerts, dont les revues semblent le monopole, leur gagne-pain; on escompte la recette que peuvent amener les mollets de ces dames et leurs entrechats, indépendamment des chahuts et des mots à double entente. Mais là, il paraît que les yeux de Bérenger et de Jules Simon n'ont rien à voir.

La plus parfaite médiocrité était donc l'apanage de la plupart de nos théâtres, et je ne crois mentir en affirmant qu'elle envahissait même nos théâtres subventionnés, lorsqu'un écrivain déjà connu, qui chroniquait au *Cri du Peuple*, endossa résolument la blouse du prolétaire, et, sous le pseudonyme de Trublot, essaya de rallier quelques confrères, en demandant une réforme du théâtre, ou tout au moins la réalisation de quelques progrès.

Quelques jeunes gens amateurs qui, à Montmartre naturellement, avaient fondé un petit cénacle artistique, le *Cercle Gaulois*, une façon de pendant au *Cercle Pigalle*, et qui devait, par la suite, laisser ce dernier bien loin en arrière, répondirent à l'appel de Trublot, en donnant une représentation à leur cercle, le 29 janvier 1887, puis une seconde, plus importante déjà, le 10 mars suivant. Une pièce de Dumas fils, *les Idées de Madame Aubray*, en formait tout l'attrait.

Dès la première tentative, Trublot parut enchanté: "Souv'nez-vous bien, disait-il à ses lecteurs, d'ces deux noms-là, Renevet et Antoine.„

Je ne sais si beaucoup de personnes se rappellent le premier; à coup sûr, le nom du second est dans toutes les caboches, même les moins dramatiques.

A la suite d'un compte-rendu élogieux, Trublot donnait un aperçu des pièces, qu'en esprits avisés et prévoyants, désireux surtout d'attirer par du nouveau, les deux jeunes gens comptaient interpréter avec leurs camarades. Et il ajoutait cette généreuse et gratuite apostrophe à l'adresse des impresarii du boulevard : "Et pour faire marronner ces salopiots de directeurs, on les invitera tous.„

Donc, au début de 1887, l'intention de fonder un Théâtre de Jeunes était déjà nettement établie. Le débutant qu'était André Antoine, comprenait qu'il n'intéresserait la critique, et par suite, n'attirerait sur lui l'attention des gens de lettres qu'en jouant de l'inédit à tendances nouvelles. Ces tendances, il fallait les deviner.

Trublot, qui n'était autre que Paul Alexis, les indiqua légèrement, et après lui Jules Prével et Blavet. Avec ces trois porte-paroles et quelque argent, on pouvait risquer la tentative, tout au moins pour une ou deux représentations d'essai.

Antoine, bien que disposant de peu de temps, à cause de ses occupations quotidiennes à la Compagnie du Gaz, se mit à l'œuvre, vivement secondé par ses camarades, entre autres Arthur Byl qui, si je ne me trompe, portait lui-même les services à domicile afin d'économiser les frais de poste. Et l'on avait raison, car le jeune directeur attendait sérieusement après ses appointements mensuels pour couvrir la location de la salle. La meilleure preuve de cette assertion se retrouve dans les dates des représentations d'essai du 30 mars et du 30 mai 1887.

Ces dates, rapprochées de celles des soirées du *Cercle Gaulois*, dont la dernière remontait au 10 mars, prouvaient en faveur de la rapidité d'exécution et de la force de volonté des jeunes gens. Car le programme de cette première représentation d'essai ne comportait pas moins de quatre pièces, dont une, *Jacques Damour*, tirée de la nouvelle de Zola par le fidèle Hennique, et une autre, *Mademoiselle Pomme*, de Paul Alexis et Duranty. Trublot avait bien prêché pour son saint, et non dans le désert, mais puisqu'il avait annoncé la bonne parole, qui donc eût songé à lui en vouloir?

C'était une habile manœuvre que celle qui consistait à essayer d'obtenir d'un écrivain célèbre son assentiment, confirmé par l'envoi d'un manuscrit. Avec cela, la nouvelle troupe était certaine de fixer l'attention et de pouvoir couler comme hors-d'œuvre les pièces des inconnus. De plus, l'auteur en vogue, dirigeant habituellement lui-même ses répétitions, ne pouvait que donner de très utiles leçons à ces jeunes gens qui avaient beaucoup à apprendre, étant amateurs pour la plupart, et parmi les rangs desquels ne se mêlèrent que par hasard, dans la suite, des élèves du Conservatoire, tel Lugné-Poé.

Puis, afin d'ajouter à l'originalité, on tenta des effets de réalisme, de naturalisme théâtral, car c'est à cela qu'on visait. Il importait qu'un chou fût un chou, qu'un poulet rôti ne fût pas en carton, et que, dans une écurie comme dans un fumoir, on pût se connaître à l'odeur caractéristique qui s'en dégageait. Tout d'abord, le public sourit et dauba sur ces dérogations au convenu; puis, par ce fait qu'il était le public, il s'y fit, et maintenant je suis sûr qu'il protesterait si l'on modifiait en quoi que ce fût les habitudes prises.

A ces deux pièces déjà citées, et signées de noms en vedette, le *Cercle Gaulois* en joignit deux de ses jeunes membres, *Un Préfet*, d'Arthur Byl, et *La Cocarde*, un acte de Jules Vidal.

Le programme ainsi composé, les invitations lancées, les répétitions achevées, il n'y avait plus qu'à attendre la première, et juger le lendemain de l'effet produit.

Un prologue dit par Burguet, et dans lequel il s'agissait des auteurs qui allaient affronter le feu de la rampe, ouvrait la soirée. Puis, successivement, *Un Préfet*, *M⁰ᵉ Pomme*, *Jacques Damour* et la *Cocarde*. *Jacques Damour*, naturellement, impressionna le public. On fit cas de cette tentative essayée au théâtre par Zola qui, hors l'*Assommoir*, n'avait encore eu que des insuccès, et la pièce fut reprise par la suite à l'Odéon. Donc, déjà un début, un germe naturaliste, empreint de nervosité, soufflant sur le Théâtre-Libre, nom dont à l'unanimité on le baptisa. Il a dû lutter longtemps contre cet écueil, et c'est seulement hier qu'il vient d'en triompher, avec les pièces à nuances si bien délimitées qui ont fait le succès de sa dernière saison, les *Fossiles*, *Boubouroche* et les *Tisserands*.

Ce forçat revenant dans ses foyers après l'amnistie, loqueteux, sale, repoussant, et qui trouve sa femme remariée, vivant dans l'aisance, a conscience de sa misère et de son inutilité ici-bas. Pourquoi déranger le repos de ces bonnes gens? Il s'en retourne, misérable comme devant. N'est-ce pas sa destinée?

Jacques Damour qui continuait ainsi la dynastie des fatalistes, valut au Théâtre-Libre les honneurs d'une première page au *Figaro*, signée de la plume sagace, bien que réactionnaire du judicieux Henri Fouquier, lequel, en ce temps-là, n'ambitionnait pas encore les pouvoirs publics. Ce poisson d'avril venant à la rescousse d'une série de compte-rendus des mieux intentionnés, et le feuilleton du *Paris*, où trônait si bénévolement ce pauvre Lapommeraye, mon vieux Lapomme, comme disait Trublot, acheva la consécration de notoriété publique des jeunes fondateurs, surtout du sympathique *Bordenave du Théâtre-Libre, ut dicit idem* Trublot.

Une campagne si brillamment lancée ne devait pas être abandonnée. Rien n'est pénible comme de se voir obligé de laisser en plan, faute de mises de fonds, une entreprise qui donne de brillantes espérances. D'aucuns en ont fait la triste expérience dans leur passage à travers la vie artistique, et me comprennent.

Antoine, lui, constata que son mois y avait passé, et même au-delà, et que la prochaine représentation ne pourrait guère être annoncée que pour fin mai au plus tôt. Car, au théâtre comme dans les revues, les manuscrits, les conseillers et les gens de bonne volonté abondent. Ne viennent-ils pas chercher les uns, un succès, les autres un emploi ? Mais l'argent, lui, est plus difficile à tirer.

Abonnements de théâtre, abonnements de journal sont de même catégorie, et aussi pénibles à extorquer de la poche du bourgeois, qui, de nos jours préfère s'intéresser gratuitement à l'art.

Afin de ne pas perdre le fruit moral de son heureux début, Antoine se saigna à blanc pour monter son second spectacle dans le courant de mai. Et, le 30 de ce même mois, des programmes annonçaient une pièce en trois actes, en vers, de Bergerat, la *Nuit Bergamasque*, et *En Famille*, un acte d'un jeune débutant qui devait, par la suite accaparer à force de chance, d'intrigue et de mouvement, nombre de scènes et de colonnes de journal. Bientôt, le souci d'un art nouveau, d'une tendance littéraire bien accusée, dans le sens du naturalisme, fit place, chez lui, à des besoins plus violents, où l'on percevait beaucoup plus aisément des instincts pécuniaires. J'ai nommé Oscar Méténier qui, à ce moment-là, feuilletonnait modestement dans *l'Indépendance de l'Est*, et glissait de ci, de là une nouvelle professionnelle au *Panurge*, revue éphémère du temps. Bien au courant des mœurs de barrière et des quartiers excentriques sur lesquelles il documentait à son aise, Méténier n'eut pas de peine à nous donner de la bouche de son héros, le frère d'un condamné de la Roquette, le récit d'une exécution. Avec cet acte-là, dans lequel Mevisto se fit connaître je crois, pour la première fois, le naturalisme, l'ultra-naturalisme même semblait consacré au Théâtre-Libre.

Et, sur ces données, sans toutefois pratiquer l'exclusivisme dans le cadre des autres œuvres, Antoine pensa préparer une véritable saison. Intellectuellement, il avait le nécessaire. Ayant mis un certain nombre de sommités littéraires au courant de sa tentative, il pouvait aller de l'avant, et protéger celles des jeunes sous l'égide de quelques noms autorisés. Banville et Mendès lui étaient acquis, et, quant à son public, Émile Blavet, dans le *Figaro* du 31 mai 1887, déclare

„qu'il ne se souvient pas d'avoir vu, même aux plus „belles premières, les diverses fractions de ce monde „d'élite, critiques, journalistes, poètes, romanciers, di-„recteurs, auteurs, acteurs, éditeurs, musiciens, statu-„aires et peintres, si brillamment représentées," On y remarquait, en effet, Lockroy, Porel, Richepin, Mendés, Audran, Vitu, Sarcey, Ponchon, etc.., .. Ayant en main les éléments de la vogue et d'une vogue durable, s'il réalisait ce programme quelque peu révolutionnaire dans l'art théâtral, programme consistant à jouer, lui directeur, avec quelques amateurs éprouvés, les pièces que, pour des raisons diverses, les autres théâtres n'eussent pas osé produire, il lui fallait l'élément solide, c'est-à-dire le public payant, le financier, l'industriel, si possible l'aristocrate; et, quant à celui-ci, je crois que les succès de M. François de Curel ont dû amplement lever ses scrupules.

Mais par où commencer ? Le capitaliste est un Panurge qui ne va guère qu'à ce qui est connu. Il dépensera bêtement et grossièrement dix louis daus une soirée avec des filles: mais quant à encourager de son plein gré par un billet bleu une tentative théâtrale, c'est plus rare.

Antoine voulut donc donner un peu de publicité à ses projets: et afin de se consacrer tout entier à son entreprise qu'il sentait trop absorbante pour supporter parallèlement une occupation aussi banale que peuvent l'être celles qui ressortissent à l'administration du Gaz, comme de toutes les autres du même genre, il démissionna, et commença sa tournée à travers les sommités littéraires.

Parmi les réponses qui lui durent sembler du plus bel encouragement celle d'Albert Wolff mérite d'être citée:

Saint-Germain-en-Laye.

Monsieur,

Votre lettre m'a singulièrement intéressé, mais vous vous exagérez singulièrement l'influence que je pourrais avoir sur les destinées du Théâtre-Libre.

Il vous faut 7 ou 8000 francs, et vous jugez que rien ne serait plus facile que de vous procurer cette somme.

Prenez vingt mille francs, dit une femme mariée à Thiboust, et fuyons à l'étranger.

Je veux bien prendre vingt mille francs, répondit le vaudevilliste, mais dites-moi où.

Vous pensez que dix lignes de moi feront sortir les dits 8000 francs des caisses.

Je vous dirai d'abord que la question du Théâtre-Libre n'entre pas dans mes attributions, que Vitu est au *Figaro*, pour cela.

J'ajoute que le *public ne s'intéresse pas démesurément à votre tentative louable*, Théâtre-Libre ou non. que lui importe. *il restera sourd et ne donnera pas un sou.*

Si sept ou huit mille francs peuvent faire vivre le Théâtre-Libre, Sarcey, Vitu et tous les critiques les trouveront plus facilement que moi.

Il s'agirait de trouver parmi nous 70 ou 80 personnes qui consentissent chacune à donner cent francs. Les directeurs, les auteurs en vue, les critiques et peut-être quelques journalistes. Si un pareil mouvement se faisait en faveur du Théâtre-Libre, tout irait bien, mais *je ne puis ni ne veux en prendre l'initiative*. et j'ajoute que le moment est peu favorable ; on n'est pas à Paris, et je vais rejoindre les autres dehors. Venez donc me voir vers le 15 septembre, nous causerons plus utilement.

Recevez, Monsieur, mes salutations empressées,

Juin 1887.   ALBERT WOLFF.

Notez qu'Albert Wolff était l'un des joueurs les plus endurcis que l'on pût trouver. Ce qui explique son égoïsme et aussi les ventes trisannuelles qu'il faisait à l'Hôtel Drouot des nombreux tableaux, dessins et aquarelles que lui envoyaient par reconnaissance ou plutôt en paiement de quelques lignes d'éloges les peintres et dessinateurs en vue. Notez aussi qu'on était en plein été, et qu'à tout prix, le jeune directeur voulait commencer la saison en septembre.

Les dix lignes de publicité qu'il ne put obtenir là ont été amplement rattrapées puisque sa bibliothèque renferme déjà plus de vingt volumes in-quarto de coupures et d'extraits, lesquels forment naturellement le plus riche document, vingt mille articles pour le moins, dont jamais théâtre disposa en France dès son origine. Mais, en attendant, il fallait frapper à d'autres portes.

Bref, trente-sept souscripteurs répondirent à l'appel en octobre. Bénéfice net, trois mille sept cents francs, desquels il fallut diminuer le loyer de la direction. Il était indispensable, n'est-ce pas, de s'installer quelque part pour répéter. On n'était pas des princes, c'est vrai, mais quand on pensait à ce pauvre Caliban qui avait dirigé les répétitions de la *Nuit Bergamasque* dans un entresol inoccupé de la rue Bréda, bénévolement prêté par un pipelet maniaque, on n'hésitait pas à mettre les mille francs nécessaires. Le prestige avant tout. Soit donc mille francs à déduire. Avec deux mille sept cents francs en poche, les encouragements des maîtres, la bonne volonté et l'enthousiasme des jeunes, il s'agissait de mettre sur pied toute une saison théâtrale. On s'attaqua à l'œuvre, et, après maintes luttes acharnées dès le début, on finit par triompher.

Le Théâtre-Libre pouvait dès lors se dire instauré.

EVOLUTION.

Le 12 octobre 1887, il inaugurait sa nouvelle période par l'*Evasion*, ce joli drame en prose de Villiers
de l'Isle Adam, dont la publication remontait déjà à
une année de date, et avait fait l'objet de tout un
feuilleton de Ginisty au *Gil Blas*.

Ce fut un succès pour le puissant styliste auquel,
trop tardivement hélas, les lettres rendent aujourd'hui
l'hommage qu'il mérite. Le clou de la soirée fut la
pièce tirée par Arthur Byl et Jules Vidal du roman
des frères de Goncourt : *Sœur Philomène*. Deux actes,
c'est vrai, mais deux actes touchants qui transportèrent la petite salle d'un sincère enthousiasme. Seulement cet accueil faillit, par sa chaleur même, compromettre à jamais le théâtre naissant, et voici pourquoi.
Le propriétaire de la soupente du passage de l'Elysée
des Beaux-Arts, nº 39, ému de ces trépignements réitérés, eut peur pour la solidité de son local qu'il
jugeait évidemment compromise, et au lieu, le niais,
comme il doit le regretter aujourd'hui, de chercher le
moyen de l'assurer, et d'augmenter l'espace, il pria
la direction du Théâtre-Libre de chercher asile ailleurs.
Comme c'était facile! Voilà nos pensionnaires obligés
de faire les quatres coins de Paris, les coins les plus
excentriques, s'entend, vu le prix qu'ils pouvaient y
mettre afin de découvrir une salle convenable et surtout abordable. Avec les Batignolles, Montmartre, Gre

nelle, Beaumarchais; rien à faire. On allait se désespérer, car la fin du mois approchait, lorsqu'un brave homme, on peut bien le citer, ils sont si peu nombreux par ces temps de fin de république, le père Hartmann qui dirigeait le Théâtre des Arts à Montparnasse, leur donna l'hospitalité et les laissa s'arranger tout à leur guise.

Le 12 novembre suivant, juste un mois après, Catulle Mendès, Léon Hennique et André Corneau, auraient occupé l'affiche, si les fonds de la maison avaient permis ce luxe d'ailleurs inutile. Les pièces: *La Femme de Tabarin*, tragi-parade du premier, *Esther Brandès*, drame du second, et *Belle Petite*, un acte inoffensif du dernier.

Devant le succès de la soirée, Albert Wolff revint à des sentiments d'une apparence plus désintéressée, et, le 13 novembre, dans le *Figaro*, il déclara sans contrainte aucune, que: „Ce Théâtre-Libre, il l'avait „appelé de toutes ses forces, de tous ses vœux, car il „aimait tout ce qui est nouveau, hardi, libre. Dans „ma vie, ajoutait le critique, on m'a rendu souvent „une justice dont je suis très fier, c'est d'aimer les „jeunes gens de toutes mes forces." Mettons son neveu et n'en parlons plus. D'autant que ce ne fut pas en pure perte, puisque ce dernier est devenu un excellent auteur dramatique et un fantaisiste de belle allure.

C'était loin, pourtant, la rue de la Gaîté, derrière le boulevard Edgar Quinet, et cependant on s'y rendait, quel que fût le temps, neige, pluie ou vent. N'était-on pas sûr d'y récolter des idées nouvelles, des hardiesses, et peut-être une œuvre de maître jusque-là méconnue? Et l'on fit bien d'y venir et de délaisser même les grands théâtres qui croyaient jouer une bonne farce en annonçant une banale première ou une reprise surannée ce soir-là. Car l'on y goûta ce délicieux *Baiser* de Papa Banville, qui avait indignement moisi dans les cartons du vieux Perrin, et de belles proses, telles que *Tout pour l'Honneur* (23 décembre) un acte tiré du *Capitaine Burle* de Zola par Henry Céard, le légionnaire de la dernière promotion; la *Pelote*, (23 mars 1888), trois actes de Bonnetain et Descaves, *La Fin de Lucie Pellegrin* (15 juin 1888) de Paul Alexis.

A ces œuvres frisant l'excellence s'ajoutèrent la *Sérénade* de Jean Jullien; les *Quarts d'Heure* de Gustave Guiches et Henry Lavedan; *Monsieur Lamblin,* un acte par George Ancey, et la *Prose,* trois actes de Gaston Salandri.

Ces noms qui, aujourd'hui, sont dans la mémoire de tous les littéraires, sinon du grand public, étaient, il y a six ans, totalement inconnus. Donc, un premier et très réel mérite pour le Théâtre-Libre, fut d'avoir découvert, à défaut de voies ou d'écoles nouvelles, du moins des noms d'avenir, et dont les titulaires devraient toujours garder le souvenir des dates si marquantes où, grâce à Antoine, ils affrontèrent pour la première fois le feu de la rampe.

Et, à ce propos, je n'ai pu m'empêcher de sourire en retrouvant l'appréciation du père Francisque sur les *Quarts d'Heure,* de Guiches et Lavedan, dans un vieux feuilleton jauni du *Temps* : "Si c'est là „l'art nouveau qu'on nous promet, ça me console „d'avoir soixante ans, je ne le verrai pas.„ Si, mon vieux, tu l'as vu, l'art nouveau, tu vas inaugurer ta soixante-septième saison hivernale, et ce Lavedan que tu raillais, tu n'avais déjà plus assez d'éloges à son adresse lors du *Prince d'Aurec*. Oh! les critiques dramatiques, ils ont parfois de suaves accents dans leur sincérité, mais que de gaffes, que de gaffes!

On fit aussi bel accueil au joli drame en vers que Paul Arène avait tiré du *Pain du Péché*, du félibre Aubanel. Mais, si bien forgée que fût cette prosodie, agrémentée d'un petit acte d'Émile Moreau, *Matapan*, alexandrinisé lui aussi, le public ne parut pas énormément friand de poésie. Antoine le remarqua, et éluda les occasions de récidiver. Pourtant, nous voyons qu'à la saison suivante, il se laissa couler six actes de Catulle Mendès, six actes, quelle orgie! Dame, on lui reprochait alors de délaisser les vers pour la jourdanesque prose. Qui? Oh! pas le public, pour sûr. Celui-ci n'aime pas beaucoup l'hémistiche. J'entends le public sceptique et friand de nouveau, qui vient au Théâtre-Libre. Il paraît que le jeune directeur s'en est décidément bien rendu compte, puisque durant les trois dernières années je ne relève que trois petits actes en vers de Marsolleau, Maurice Vaucaire et Mazade. C'est que la poésie perd à être écoutée au théâtre. Elle exigerait une attention soutenue, ce qui est difficile à obtenir quand le décor, le milieu et le voisinage théâtral se meuvent autour de vous et occupent tour à tour l'œil et l'oreille.

Elle demanderait aussi une grande lenteur de diction, afin que nulle figure, nul symbole, ne puissent échapper.

N'oublions pas, en effet, que l'une des tendances du théâtre poétique doit être le drame en vers symbolistes. Mais, cette lenteur même serait une condition d'insuccès auprès des masses, par sa seule monotonie.

D'où cette conclusion que le succès franc pour une
pièce de vers, succès s'adressant autant à la poésie
même qu'au sujet, pourrait presque devenir un
paradoxe quant au genre actuel, où seule la chaleur
de la diction, comme nous l'avons vu récemment dans
la *Reine Juana* avec Mlle Dudlay, sauve la forme et
même le fond. Ce succès devient sûrement un paradoxe avec un drame symboliste. Supposez *Pelléas
et Mélisande* mis en vers et jugez par vous-mêmes,
ô suppliciés du feu Théâtre d'Art.

Or donc, en cette saison de 1887-88, dramatique-
ment fructueuse puisqu'elle nous révéla d'abord un
Léon Hennique personnel, mit en valeur Villiers de
l'Isle-Adam, rendit justice à Banville et sortit du
néant Jean Jullien, Lucien Descaves, Henry Lavedan,
Georges Ancey et Gaston Salandri, le succès le plus
ferme, le plus solide, le plus retentissant, fut cette
adaptation de la *Puissance des Ténèbres*, de Tolstoï,
par Paulowsky et Oscar Métenier, l'auteur d'*En
Famille*. Là, par exemple, ce fut un de ces enthousiasmes que l'on n'a retrouvés que cette année avec
les *Tisserands*. Il sera dit que nos acclamations
iront toujours à l'étranger. C'est du socialisme international ou je ne m'y connais pas. Bref, ce milieu
sombre, ce langage pondéré, ces mœurs paysannes-
ques nullement exagérées et rendues avec un art
vraiment supérieur par les jeunes comédiens du
Théâtre-Libre et parmi eux Mévisto, trouvèrent une
approbation unanime. Dans la presse, ce fut une excla-
mation continue. Melchior de Vogüé, dans la *Revue des
Deux-Mondes*, s'étonna même, avec plaisir, de ce
„qu'on voyait pour la première fois sur une scène française, un
„décor et des costumes empruntés aux habitudes quotidiennes de la

„vie s'ave, sans enjolivement d'opéra-comique, sans ce goût du
„clinquant et du faux qui semble inhérent à l'atmosphère du
„théâtre."

Cette opinion, renforcée par les appréciations
judicieuses de Jules Lemaître, de Faguet, de Vitu qui
demandait une seconde représentation, de Stoullig
qui constatait l'effet produit sur la colonie russe, de
Bernard-Derosne, d'Armand Silvestre et du regretté
Louis Besson, démontait complètement les jugements
à priori de Dumas fils, de Victorien Sardou et d'Emile
Augier, qui ne croyaient pas que la représentation de
cette pièce fût possible. A ce propos, le *Gil-Blas*
demanda pourquoi le célèbre drame de Dostoiewsky,
Crime et Châtiment, n'avait pas été mis à la scène
alors qu'il avait été reçu à l'Odéon. Et, la motion
ayant fait le tour de la presse, l'œuvre qui a fait de
Raskolnikoff le type de l'anarchiste contemporain,
vit le jour chez Porel en septembre suivant.

Cette saison était donc moralement on ne peut
plus brillante. Mais personne, en constatant ces beaux
succès, n'eut dans l'idée de se demander comment
cette jeunesse dénuée de moyens parvenait à mener
matériellement à bien cette entreprise. On ignorait
évidemment les trois mille sept cents francs du
début, et l'eût-on su que cela aurait certainement
produit mauvais effet. Aussi bien, des esprits mala-
visés ne manquèrent-ils pas de protester en apprenant
que le Théâtre-Libre donnait de l'essor à ses représentations publiques, et que ce qui, jusqu'à ce jour,
n'avait semblé qu'une tentative d'amateurs menaçait
de devenir, à les entendre, une spéculation, une
réédition de la maison Schürmann ou Gunzbourg.
Aurait-il donc fallu se ruiner pour paraître désinté-

ressé à ces Zoïle au petit pied? Il n'y avait qu'à laisser dire, ou, s'ils maugréaient plus fort, à les prier de solder le déficit. D'ailleurs, un argument des plus judicieux s'imposait : quel serait l'accueil fait par le public aux pièces ainsi applaudies par les amateurs. Les trois mille francs du début avaient quadruplé quant aux abonnements, c'est vrai, mais le public continuerait-il à affluer aux saisons suivantes, aussi loin, pour le seul plaisir d'entendre des pièces nouvelles. Il importait de trouver une salle plus centrale, car il s'agissait du succès de l'entreprise.

Antoine se mit donc de nouveau en campagne, et, après des obstacles de toute nature, finit par s'installer au Théâtre des Menus-Plaisirs. Et c'est en possession d'un traité en bonne et due forme qu'il commença la saison de 1888—89. Les tendances naturalistes s'y dessinèrent sensiblement. *Rolande*, pièce en cinq actes de Louis de Gramont fut un succès bien marqué, ainsi que les *Inséparables*, trois actes de Georges Ancey qui établirent la réputation de ce jeune dramaturge; les *Résignés* d'Henry Géard et le *Comte Withold,* trois actes d'une belle nervosité du comte Stanislas Rzewusky, le digne neveu de Balzac.

Jean Jullien qui commençait à prendre pied au Théâtre-Libre, donna l'*Echéance,* un petit acte en prose, d'ailleurs peu dangereux; Ernest Laumann, une prose psychique d'après Edgar Poé, le *Cœur Révélateur,* où l'on présageait, quelques-uns de ces frissons nouveaux, venus de l'importation étrangère, et signalés depuis avec Ibsen et Strindberg.

Oscar Méténier continua ses études de vif avec la *Casserole,* pièce qui lui valut quelques démêlés par la suite avec la rue de Valois. En ce temps-là,

Méténier travaillait en artiste, en disciple de Zola, n'étant pas tenté par les affriolantes veines commerciales qui lui surgirent depuis, et le mirent à tout jamais dans l'impossibilité de donner une œuvre véritablement étudiée, du niveau de *Madame la Boule* ou de la *Lutte pour l'Amour*. Mais on ne gagne pas impunément quarante mille francs par an à feuilletonner, à donner des pièces allumeuses dans les théâtres à gros numéros du boulevard. Zola, Goncourt et Cladel affirmèrent cette année-là leur bonne volonté à l'égard du Théâtre-Libre. *Madeleine*, la *Patrie en Danger* et l'*Ancien*, eurent le bel accueil qu'elles méritaient. Les jeunes aussi trouvèrent belle part au succès. La *Chance de Françoise*, de Georges de Porto-Riche, vit le jour sur nos grands théâtres; la *Mort du Duc d'Enghien* consacra une fois de plus la réputation d'indépendance dramatique de Léon Hennique. Cette dernière, *Rolande*, et quelques autres pièces jouées plusieurs fois, permirent d'ajouter un peu d'argent aux ressources de la maison.

Il était facile de prévoir le reproche qu'adresseraient à cette vaillante troupe les soi-disant désintéressés de l'art, lesquels, n'admettant que ce qui est, que ce qu'on leur montre, ne recherchent point les moyens et les difficultés de l'obtenir, et désavouent tout ce qui semble s'écarter du sacerdoce artistique. Des patriotes un peu trop chauvins protestèrent contre les tournées à Londres, sans penser un seul instant aux tracas de toutes sortes que dut nécessiter ce premier déplacement exotique, lesquels forçaient la troupe à jouer, à quinze jours d'intervalle, les six actes de la *Reine Fiammette*, les *Résignés* et l'*Echéance*, sans s'imaginer qu'il y eût une somme considérable de

frais à couvrir à Paris et que, du succès de ces tournées, dépendait le sort de la nouvelle scène. Et puis,
ces tournées ne répondaient-elles pas directement à
cette question maintes fois posée; quel accueil le gros
public ferait-il aux œuvres de jeunes? A Paris, le
succès de *Rolande* fut un démenti incontestable à
l'incrédulité des retardataires, puisque ce drame tint
l'affiche des Menus-Plaisirs trois semaines durant après
la représentation (5 novembre 1888) et qu'on dut l'arrêter à son apogée, pour songer au spectacle du mois
suivant.

L'année 1889 consacra donc au Théâtre-Libre une
école, le naturalisme, et le système des tournées fructueuses, en même temps qu'elle fortifiait avec l'assentiment du public, dont la curiosité commençait à
s'éveiller, les innovations de réalisme scénique que
j'ai signalées plus haut, et qui, de longue date, hantaient l'esprit d'Antoine.

Sans établir d'une façon précise que la direction
fût complètement étrangère aux réformes de tendances
qui relevaient plutôt du milieu ambiant, et de l'état
moral du théâtre, on peut poser en principe qu'Antoine à son début, (il en convient aisément lui-même)
n'avait pas absolument songé à faire du neuf. D'abord
on ne part pas en campagne avec l'intention de tout
démolir sur son chemin, quand on n'est pas suffisamment armé. Et Dieu sait s'il l'était peu. Mais, enhardi
par le succès de sa tentative, il avait prévu le danger
fatal où tomberait son institution une fois instaurée,
quand les critiques autorisés viendraient à ébaucher
quelques incursions sur le domaine des éclosions nouvelles en matière d'art. Et il se méfiait. Car, naturalistes outrés, symbolistes, instrumentistes, idéalistes,

renovistes et arrivistes de toutes sortes pouvaient accourir en foule du jour au lendemain sur un signe de lui. Il valait mieux attendre les événements, et si son public ordinaire, si les patrons honoraires du théâtre lui accordaient encore leur confiance comme par le passé, on risquerait une ou deux œuvres intensives, propres à émotionner les hautes sphères. Mais pour cela, il fallait avant tout avoir les reins solides. C'est très joli d'être comparé aux grandes machines deux ou trois ans après sa naissance, mais il ne faut pas se laisser entraîner à des excès de confiance et dormir sur la joie que procurent ces comparaisons.

De tout ce qui se disait alors, il était nécessaire de séparer le bon grain de l'ivraie, et de semer utilement le premier, laissant la seconde aux mâchoires féroces des concurrents.

Car une tentative aboutissant à de tels résultats n'était pas sans susciter des contrefaçons. Déjà, au début, le *Cercle Pigalle* avait essayé de tenir tête, en donnant dans une même soirée : *Rage de Dents, Tous les Lauriers ne sont pas roses,* de Maurice Biollay, et *Sophie,* de L. Arnaud et Martin. Ce fut un coup d'épée dans l'eau, comme d'ailleurs tous les autres succédanés du *Théâtre-Libre* qui surgirent de 1889 à 1892, enchérissant chacun sur une des tendances spéciales qui émanaient de ce productif laboratoire dramatique. *Théâtre d'Art, Théâtre Moderne, Idéaliste, Réaliste* entrant dans la lutte sans munitions suffisantes, étaient destinés à succomber fatalement, quand encore ils s'en tenaient-là et ne compliquaient pas la situation civique et morale de leurs fondateurs.

Il faut dire que la Presse qui avait longtemps
caressé le rêve d'une scène un peu novatrice, avait
pris sous sa maternelle protection ces jeunes gens de
bonne volonté, ce directeur d'avenir, artiste avant tout,
étonnée sans doute de la délicatesse de ses procédés
envers chacun.

C'était par exemple un fait sans précédent qu'un
impresario enjoignant à ses jeunes premières de
porter en scène des robes absolument conformes à
celles que leur eût assignée semblable situation dans
la vie réelle. C'était les mettre en garde contre les
désastreuses conséquences des mœurs théâtrales pour
une femme. Pourquoi donc dire à une fille de talent,
comme tel directeur qui se reconnaîtra : „Du tempé-
rament, je ne vous le conteste pas. Mais je veux
avant tout vous mettre à l'essai. Vous aurez deux
cents francs par mois, costumes à votre charge. —
Et, comme la pauvre ingénue objectait l'insatiabilité
des couturiers. — Ah, ça, vous pensez bien que je
ne vais pas fournir des loques à tout le monde ici.
Si vous n'avez personne pour vous en acheter, prenez
un amant.„

Ici, la fille pauvre, si elle ne peut se faire remar-
quer faute de toilettes et surtout faute de dégéné-
rescence morale, en des rôles de duchesse, se fera
valoir sous des aspects plus modestes, puisqu'il y a
dans ce théâtre, place pour tous les milieux sociaux.

Voilà qui mériterait amplement d'être dispensé
de la Censure, de la stupide censure, si les représentations, au lieu d'être privées devenaient publiques.
C'est d'ailleurs un grand avantage pour le spectateur
lettré que cet examen possible d'une œuvre vraiment
entière où nul ciseau profane, étranger à la maison.

n'a entaillé, et où, surtout, l'on peut, sans trop offusquer son voisin, risquer une appréciation judicieuse.

D'autant que l'état de libéralisme apparent des mœurs d'aujourd'hui, permet amplement cette facilité de moyens, quelques efforts que déploient d'étiques et simiesques légistes, qui, dénonçant aux pouvoirs publics ce qu'ils nomment la dépression morale de la jeunesse, essayent, mais en vain, de déchaîner la vindicte sénile des gouvernementaux contre une génération directement issue de Rabelais et de sa gauloise franchise.

Il est présumable en effet que si le vieil ataxique affolé qui suscita en juillet dernier tant de calamités dans notre vieux Paris et dont il ne sied pas ici de rechercher les antécédents, ni les écarts de jeunesse, venait parfois au Théâtre-Libre, ce dernier aurait évidemment eu maille à partir avec la justice. Heureusement le vieux pingre aux chairs flasques, le Bérenger au teint glabre, ne s'est pas soucié d'incursionner dans ce milieu où d'ailleurs il serait intellectuellement déplacé, et le Théâtre-Libre n'a eu à souffrir jusqu'ici que de simples interpellations, lesquelles, à vrai dire lui ont causé beaucoup moins de tort que de bien.

Naturellement, on fit un crime à Antoine de cette invasion de pièces naturalistes, au détriment de l'idéalisme et surtout de la poésie. L'exemple du *Baiser* lui fut, ce jour-là, utile à opposer à ses détracteurs, et le *Père Lebonnard* démonta les plus acharnés. On fut calmé pour longtemps. Cette pièce, en effet, ouvrait la quatrième saison, et, de mémoire d'abonné, on n'en vit plus d'aussi longue.

Pour montrer combien il restait fidèle à ses théories initiales, lesquelles consistaient à faire bon accueil à toute pièce que présentait de l'intérêt, quelle que fût la stalle à elle assignée par les statisticiens de lettres, le jeune directeur, se réservant simplement le choix des dates et des bonnes occasions, donna, cette saison-là une trentaine d'actes de jeunes. Seuls émergeaient les noms d'Aicard, avec le *Père Lebonnard* précité et un prologue en vers, *Dans le Guignol*, ceux de Tourgueneff, d'Ibsen, d'Edmond de Goncourt et de Bergerat.

Les autres, c'étaient Ancey qui donna, cette année-là, son chef-d'œuvre, l'*Ecole des Veufs*, qu'il n'a plus refait ; Ginisty et Guérin, avec les *Deux Tourtereaux*, un franc et réel succès ; Eugène Brieux, l'auteur de *Ménages d'Artistes* ; Maurice Boniface et la *Tante Léontine*, Pierre Wolff qui se révélait avec *Jacques Bouchard* ; Henry Céard et la *Pêche*, enfin Jean Jullien qui, prenant goût à la chose, continua la série du *Théâtre-Vivant* avec le *Maître*, études de paysans en trois tableaux. Goncourt ne suscita pas un fébrile enthousiasme ; les *Frères Zemgano*, mis en pièces par Oscar Méténier, qui s'intéressait fort à ce genre d'occupations dramatiques d'ailleurs aisées, et adaptés par Paul Alexis, laissèrent peu de traces. Le *Pain d'Autrui*, de Tourgueneff, fit plus de bruit. Mais, par contre, les *Revenants*, d'Henrik Ibsen, ouvrirent tout un nouvel horizon à la jeunesse dramatique, au grand désespoir de Sarcey, qui fulmina de toutes ses forces contre l'invasion scandinave. Il se déclarait tout simplement incapable de la comprendre, bien qu'elle émotionnât au dernier point les jeunes initiés affamés de symbole, et surtout d'effrois symboliques.

Cette époque fut une des plus fructueuses pour les aspirations nouvelles, auxquelles elle décelait plusieurs nouveaux débouchés; l'école psychologique ou plus communément l'école ibsénienne : une nouvelle manière boulevardière avec les *Deux Tourtereaux* et des tendances sociales qui déjà, essayaient de s'affirmer avec le *Pain d'Autrui* et le *Maître*. Elle le fut aussi matériellement pour la direction, puisque le nombre des abonnés au 30 avril 1890 se montait à 460, et que les représentations données à l'étranger (Bruxelles), faisaient rentrer en caisse une dizaine de mille francs. Cette fois, le spectre hideux de la nécessité venait d'être terrassé. Les recettes avaient fait, de leur côté, baisser la balance. On pouvait donc, avec quelque sécurité, tenter une campagne au moyen de pièces d'attaque.

Les *Chapons*, de Descaves et Darien, qui terminèrent la saison, furent un heureux prélude aux interpellations gouvernementales, lesquelles attirèrent les yeux du populaire encore peu attentionné à ces manifestations d'intellectualité. Elles étendirent, par suite, la renommée du Théâtre-Libre d'autant plus efficacement que ce théâtre était, est encore et sera toujours fermé au gros public, tant qu'il ne lui sera pas donné de s'édifier la scène modèle, rêvée par son fondateur.

Ces *Chapons* étaient, à vrai dire, bien faits pour attirer l'attention des chauvins. Déroulède, sans doute, les eût flagellés de son verbe bref et cinglant, si l'honorable sénateur Halgan n'eût pris au Sénat cette initiative. Le sujet, en deux mots : Le ménage Barbier possède une vieille servante depuis plus de vingt ans. Cette bonne apprend la mort de son frère, tué dans les rangs de l'armée à Forbach. Aussi, dans sa douleur, déclare-t-elle que si elle tenait un Prussien, elle se vengerait. Or précisément, les époux Barbier habitant Versailles, logent trois fantassins allemands. Aussi bien, par précaution, forcent-ils la vieille à les quitter, sans même lui donner le temps de faire ses malles; et comme ils la regardent s'éloigner sous la pluie qui tombe à verse, ils aperçoivent leurs trois subsistants qui se rendent à l'exercice, et pris d'une compassion peut-être un peu voulue, s'écrient: „Pauvres Gens!“

Tel est en substance, le résumé de la pièce, donné par le sénateur Halgan à ses collègues. Et, dit-il, après avoir lu le compte rendu du critique dramatique d'un journal qu'il s'empresse de signaler comme républicain, le rideau tombe. C'en était trop.

La dernière phrase avait déchaîné un vacarme furieux, Ce défi au public rend le directeur inexcusable d'avoir joué cet ouvrage. Aucune raison d'art ne l'y engageait.“

Or cette représentation qui datait du 13 juin 1890, semblait un défi à une lettre du directeur des Beaux-Arts (M. Larroumet), annonçant une subvention accordée au Théâtre-Libre à titre d'encouragement. Cette lettre, bien que n'ayant été publiée que le 1ᵉʳ octobre, datait, en effet, du mois de mai. En voici le texte:

Monsieur le Directeur du Théâtre-Libre.

J'ai l'honneur de vous faire savoir que, par arrêté en date de ce jour, je viens de vous allouer une indemnité de cinq cents francs, représentant l'abonnement de quatre fauteuils, dont deux pour le ministère et deux pour la Direction des Beaux-Arts. Je suis heureux de constater, par cette marque d'intérêt, les services que vous rendez à l'art dramatique.

Pour le Ministre,
le Directeur des Beaux-Arts,
G. LARROUMET.

„La somme allouée, reprend le sénateur, n'est pas considérable, mais à côté de la promesse de subvention, il y a, remarquez-le, messieurs, des, félicitations et des encouragements au sujet des services rendus à l'art dramatique.“

M. Larroumet éluda la difficulté en déclarant que ces quatre fauteuils, souscrits, par le gouvernement, étaient moins un encouragement qu'un moyen de reconnaître si, un jour ou l'autre, on pourrait tenter de présenter au public les nouveautés données jusqu'à ce moment en soirées privées. D'abord, l'inspection des Beaux-Arts ne devait-elle pas se montrer partout, afin de se faire une opinion sur toutes choses? Et, pouvait-on prévoir que le Théâtre-Libre jouerait telles pièces quand cette lettre fut adressée? Certes non. Et, si l'objet du litige avait été représenté plus tôt, les termes de la lettre eussent été certes moins élogieux.

Après d'oiseuses discussions qui prouvaient combien le monde des honorables était peu féru de littérature dramatique nouvelle, on ne décida nul interdit contre le Théâtre-Libre, et la subvention fut maintenue. C'était donc un triomphe, pour la forme.

Aussi, loin de chercher à s'amender, trouva-t-il, comme par hasard, deux mois après, une nouvelle occasion d'attirer l'attention sur lui avec la *Fille Elisa*, un drame en trois actes, en prose, tiré du roman d'Edmond de Goncourt, par Jean Ajalbert, un jeune avocat dont les débuts littéraires, très brillants,

aient déjà mis le nom à la mode. Cette fois, ce fut,
n pas au théâtre, mais en pleine Chambre des
putés, que la tempête éclata, et voici comment. La
ce avait été fort bien accueillie par les abonnés, et
ême par la critique. Antoine, en avocat, avait fait
erveille, ainsi que dans leurs rôles respectifs, Mes-
mes Louise France, Eugénie Nau, Barny, Luce Colas
Fleury. Sarcey déclara qu'il n'y aurait nul péril
jouer ailleurs la *Fille Elisa*, bien qu'elle ne fût
s, à vrai dire, d'essence théâtrale. Et un universi-
ire, Émile Faguet lui-même, eut le courage de dé-
irer le second acte, le seul d'ailleurs, insinua-t-il,
ritablement bon, une merveille, grâce au plaidoyer
Cour d'assises, qui donnait une impression d'éton-
nte exactitude. Henry Fouquier partageait cet avis,
la *Revue de Famille* elle-même, l'organe du pudo-
ssime Jules Simon, trouvait à la pièce un grand fonds
talent.

„Est-ce là, concluait Lapommeraye, un sujet immoral ? Oh je
is bien que dans une partie du roman on voit la Fille Elisa dans
milieu où elle vit — on dirait mieux où elle se suicide — mais je
us assure que M. Edmond de Goncourt n'a point décrit ces inté-
urs, de façon à choquer le lecteur. C'est la pitié qui est éveillée
non un autre sentiment. M. Jean Ajalbert, l'adaptateur, a suivi
xemple de M. de Goncourt, et a mis aussi, sauf en deux ou trois
ssages — ceux sans doute que j'indiquais tout à l'heure — beau-
up de sévérité dans l'exécution : „De ces trois tableaux on em-
rte, je le répète, non une impression de scandale, mais une im-
ession de pitié.*

Or, quelle ne fut pas la stupéfaction générale
uand on apprit que la Censure avait mis son veto
ur cette pièce, à elle portée dans l'espoir bien légi-
me qu'elle plairait au public si accessible à la pitié
our les miséreux. A coup sûr, c'était une opposition
oulue aux allures sociales qui commençaient à se
égager du Théâtre-Libre. Seulement l'auteur ne se

tint pas pour battu. Il pria son confrère Milleran[d]
qui à ses qualités de brillant avocat, lui aussi, joigna[it]
les avantages du mandat législatif, d'user de ce dernie[r]
en sa faveur, et de demander au ministre pou[r]
quelles raisons il croyait devoir faire interdire cett[e]
pièce qui, la question de milieu mise à part, était rée[l]
lement une œuvre chaste.

Le sujet, dans sa seule simplicité, en était d'ai[l]
leurs fort touchant. Elisa est une fille sursaturée d[u]
métier déplorable qu'elle exerce. Elle voudrait se re[-]
faire une virginité, en aimant d'amour un petit solda[t]
qui, loin de la comprendre, ne songe qu'à la posséde[r]
Dans sa folie d'amoureuse chaste, elle lui résiste, e[t]
le tue. — Aux Assises, un plaidoyer merveilleux pren[d]
sa défense, et occupe tout le second acte. Quant a[u]
troisième très poignant lui aussi, mais qui n'entr[e]
pas en ligne dans le litige, il se passe dans la maiso[n]
centrale où reste enfermée pour jamais la malheureus[e]

Pourquoi donc, demanda en substance M. Mille[-]
rand, les déclarations censorielles n'ont-elles pas ét[é]
motivées avec précision! Pourquoi n'avoir pas indiqu[é]
aux auteurs les passages qui choquaient dans la piè[ce]
MM. Bernheim et consorts. C'est parce que, si ce[s]
messieurs avaient abordé la question de ce côté, l'ac[-]
cord eût été trop facile. Et, à l'appui de ses dires, l[e]
jeune orateur lit à ses collègues les passages que lu[i]
assistant à la répétition générale, a cru devoir fair[e]
rentrer dans la catégorie suppressible. Pourquoi ce[s]
passages n'ont-ils pas été spécifiquement relevés? E[t]
alors, à quoi donc sert la censure? Nous le savon[s]
mon cher confrère, à entraver le développement d'un[e]
littérature, sous prétexte de protéger les mœurs. Mai[s]
en ce cas, qu'elle s'adresse donc exclusivement, comm[e]

us le disiez si bien. à certaines chansons débitées
aque soir dans les Cafés-Concerts. qu'elle rogne sur
; *Petits Joyeux*, sur la *Rouquine* ou sur *Ma Gigo-
tte ;* mais qu'elle laisse les vrais artistes tranquilles.
 sanction des gens intelligents n'est-elle donc pas
flisante ?

Qu'on me permette de détacher de l'*Officiel*,
tte page intéressante, relative à la discussion :

M. Yves Guyot lui-même, continuait le brillant député, dans
 livre sur la Prostitution, a porté sur la *Fille Elisa* ce jugement
e je trouve absolument juste : „La *Fille Elisa* a été un scandale
rce que M. de Goncourt a quitté la région du demi-monde où
gitaient des dames à camélias. des lorettes et autres Bonnes, pour
er un coup d'œil sur la fille pauvre." En effet. la question qui se
se devant la Chambre est celle-ci. Il y a donc danger à laisser
iter ces questions sociales.

(M. le Ministre de l'Instruction publique esquisse un geste de
négation).

Vous me dites non, Monsieur le Ministre. Eh bien, permettez-
i de vous le dire : Si ce n'est pas à cause des idées que vous avez
erdit la *Fille Elisa*, j'attends avec curiosité de savoir pour quelle
ison.

Comment, ce serait dans l'intérêt de la morale publique que
Censure a interdit la *Fille Elisa ?* Mais de quelle façon la cen-
re protège-t-elle la moralité publique? Tout le monde le sait.

Un Membre à gauche. — Très bien ! très bien !

M. Millerand. — Comment, la pudeur de la Censure s'alarme
rce que dans un dialogue de pièce on fait allusion aux maisons
 prostitution ? Mais, est-ce qu'elle-même ne permet pas que sur
x ou quinze scènes, tous les soirs. on amène devant la rampe des
oupeaux de femmes à moitié deshabillées ? . . . . . et. par un progrès
ut récent, dans le théâtre le plus voisin de la Porte-Saint-Martin
us ce titre alléchant qui a tenu ses promesses „*En scène mesde-
iselles*" n'a-t-on pas vu ce spectacle nouveau. les figurantes quit-
at la scène pour venir circuler en gaie farandole, au milieu des
emiers rangs des fauteuils d'orchestre, tandis que sur la scène.
 compère, en guise de commentaire et d'explication, jetait à la
lle, au milieu des rires ironiques, ces mots : „Quel chabanais!"
xclamations et rires).

Voilà ce qui se passe, voilà comment la censure protège la
oralité publique! et si vous voulez savoir comment elle protège
rt. vous n'avez qu'à jeter un coup d'œil sur certaines chansons
bitées tous les soirs dans les cafés-concerts. chansons où il n'y a

rien, ni talent ni esprit, mais des gravelures obscènes, dont les
terprètes s'attachent à mettre en relief tous les détails, quand
n'en ajoutent pas. (Très bien, très bien.)

Lorsque la censure permet de pareilles exhibitions, quand e
tolère qu'on chante en public, dans les salles où l'on peut ent
pour dix ou quinze sous, de pareilles oscénités, il est en vérité p
trop extraordinaire que, quand un homme comme M de Goncou
un des maîtres qui ont imprimé le plus puissamment leur marc
sur le roman contemporain, quand un jeune débutant comme
Ajalbert dont la critique tout entière salue le talent, apporten
la Censure une œuvre de moralité, une œuvre austère, ...

(*Exclamations et rumeurs, sur divers bancs.*)

Ce n'est pas moi, messieurs, qui parle ainsi, ce sont les c
tiques qui l'ont entendue et jugée ; ce sont des hommes com
M. de Lapommeraye qui portent sur elle cette appréciation.

Quant à moi, il me semble que M. le Ministre, qui sait que
estime je professe pour sa personne et son caractère, s'honorerait
reconnaissant lui-même qu'il y a, entre ce que permet la censure
ce qu'elle interdit sans explication, brutalement, une telle différen
une telle opposition, qu'il n'est pas possible de maintenir une int
diction qui, je le répète, ne s'explique pas par des motifs de mo
ralité, et n'est pas non plus prohibée — si j'en crois les signes c
M. le Ministre faisait tout à l'heure, — à cause des idées que
auteurs ont entendu défendre.

Je m'excuse, messieurs, si j'ai abusé de la bienveillance de
Chambre, (*Non, non*) mais il m'a paru qu'il n'était ni inutile,
indigne d'elle, de retenir quelques instants son attention sur
question qui touche aux intérêts les plus graves de la littérat
et de l'art français. (*Applaudissements sur divers bancs à gauche*)

A cela, le ministre, M. Léon Bourgeois, répond
par de stupides banalités qui ne concluaient à rie
du genre de celles-ci : „Il en est de la censure comi
des belles-mères, on s'y fait. Seulement, il faut bea
coup de patience et un peu d'esprit." C'est dire q
ce ministre ne dut jamais s'accommoder de la sienr
La *Fille Elisa*, à l'entendre, paraissant une apolog
de la prostitution, il importait d'éviter le scandale.

Il était impossible, sans démanteler l'œuvre el
même, de supprimer tels passages, essentiels par
fond, mais blessants du fait de leur contexture e
terne pour la morale publique. Cependant, il resso

tait clairement de ces assertions que l'honneur d'avoir exposé ce problème de philosophie sociale, pour la première fois sur une scène, revenait au Théâtre-Libre.

C'était donc un pas en avant, et un fameux, franchi par ce dernier, dans l'école socialiste.

D'ailleurs, lorsqu'il s'agissait de *Germinie Lacerteux*, les difficultés avaient paru beaucoup plus faciles à lever, et des suppressions bien précises furent proposées à M. Edmond de Goncourt. Pourquoi donc deux poids et deux mesures? Parce que le ministre a changé? Que voilà bien cette oligarchie bourgeoise qui est cause de la débâcle dans laquelle se vautre actuellement notre république! Le ministre ne pense pas comme ministre chargé des intérêts du pays: il pense comme homme privé, et applique ses jugements d'homme privé à la gestion des affaires publiques sans s'inquiéter s'ils concordent avec ces mêmes intérêts publics.

"Et tout au moins, comme concluait magistralement M. Millerand, si la censure veut faire œuvre d'activité, de volonté, qu'elle se montre d'une égale rigueur pour tous, et qu'elle ne réserve pas ses sévérités pour des hommes tels que MM. de Goncourt et Jean Ajalbert, lesquels, jusqu'à ce jour, les méritent le moins,.,

L'affaire en resta là; mais le coup était porté et le public mis au courant. Il savait désormais qu'il existait un théâtre d'avenir, où l'on ne s'arrêtait pas devant de sottes conventions pour le mettre en scène, lui, sa misère et son injuste répression, en opposition avec l'insolence injurieuse des hypocrisies bourgeoises.

Entre temps. Aurélien Scholl s'était taillé un succès avec un acte spirituel, l'*Amant de sa Femme*, un petit bijou que n'aurait pas désavoué le Musset des *Proverbes*, tant il y avait là de fraîcheur, d'à-propos et d'esprit.

L'*Honneur*, cinq actes de M. Henry Fèvre, avait ouvert la saison avec forces promesses qui semblèrent réalisées par les tentatives des jeunes: Georges Lecomte prit rang parmi les premiers avec la *Meule*; Pierre Wolff avec *Leurs Filles* et Rosny dans *Nell'Horn*, Georges Courteline avec *Lidoire*, un succès de fou rire, que seul *Boubouroche* du même écrivain dépassa par la suite, montrèrent combien il y avait place pour des genres tous différents les uns des autres. On ne pouvait donc mieux répondre au besoin de nouveau qui s'imposait. D'autant qu'à cette époque qui coïncidait avec l'été 1891, la crise théâtrale n'avait rien perdu de son intensité dans les théâtres du Boulevard.

Les jeunes auteurs séjournaient toujours dans les antichambres directoriales, et si l'on daignait accepter les manuscrits de ceux que le Théâtre-Libre avait mis en lumière, c'était avec l'intention de les garder durant des années entières au fond de poussiéreux tiroirs.

Et cela s'explique en effet. Le directeur d'un théâtre parisien, n'est-il pas en vérité plutôt un commerçant, un exploiteur, qu'un artiste! Que cherche-t-il alors? Des pièces cousues de banalités, soit, mais dont les noms des auteurs suffisent à attirer le public. Qu'importe la note d'art. Celle du costumier l'intéresse beaucoup plus. Il ressemble en cela à nombre de ces éditeurs que désignait visiblement

Flaubert dans ces lignes cinglantes : "Les éditeurs ont des idées littéraires, croyez-le bien, comme les directeurs de théâtres. Les uns et les autres prétendent s'y connaître, et leur esthétique se mêlant à leur mercantilisme, ça fait un joli résultat..

De la rue de Grenelle aux Galeries de l'Odéon, bien des éditeurs ont dû se sentir visés par ces mots. Ils devraient produire un effet, non moins intense, sur tels directeurs de théâtre qu'il vous plairait de citer, ceux des Variétés, de la Comédie-Parisienne ou de la Porte Saint-Martin, pour ne les point nommer.

Et, parmi les jeunes ainsi bernés, combien revinrent de nouveau se faire hospitaliser par Antoine, jusqu'au jour où leur influence leur permit de s'imposer définitivement, quelques Gentils que je retrouverai par la suite dans cette étude, s'étant enfin laissé convertir.

Voilà pourquoi, dans la suite, nous avons retrouvé sur les ravissants programmes du Théâtre-Libre signés H.-G. Ibels, des noms de la première heure, alors qu'on s'attendait à une nouvelle portée de jeunes progressant dans l'œuvre évolutive.

Il importait de poursuivre l'œuvre jusqu'au bout, et de lutter à outrance contre les Koning et les Porel, afin de leur prouver l'inanité de leurs jugements si défavorables à la régénération dramatique. C'était avec chacun de ces adversaires en apparence invincibles, comme un duel à mort. Le Théâtre-Libre en est sorti triomphant.

Une des causes les plus certaines de cette victoire, fut l'enthousiasme avec lequel la majeure partie des lettres accueillit le théâtre d'Ibsen, et provoqua bientôt son importation sur les scènes publiques.

Pourtant, après le choix des *Revenants,* drame d'un réalisme symbolique qui dut horripiler les esprits moyens, celui du *Canard sauvage* sembla moins heureux. Ce palmipède, entretenu dans un grenier par un monomane qui, tous les jours, lui donne la chasse sans le tuer, ne s'associait pas aisément avec la jeune adolescente qui, sans motif bien indiqué, recourt au suicide. Les *Revenants* étudiaient mieux la femme aux points de vue sociologique et psychologique combinés, et la source de l'effroi était plus visible.

Cette Madame Alving qui, après avoir tout fait pour préserver son enfant du contact d'un père voué depuis longtemps au libertinage, s'aperçoit que ce fils a hérité quand même de la constitution et des excès paternels, peut à juste titre nous faire partager ses transes. De même, avec *Maison de Poupée* et *Hedda Gabler,* cette charge si intéressante de ta femme fin de siècle.

Il y a chez ce vieil Ibsen, aux instincts d'apparente férocité, chez cet homme à la volonté de fer, comme on l'a surnommé, une philosophie d'un pessimisme achevé. Il cherche les causes de la corruption contemporaine et les présente en scène sous le voile d'un symbolisme idéaliste. C'est donc bien là, quoi qu'on puisse dire, une note nouvelle, dont l'influence s'est vivement fait sentir par la suite, puisque nous la retrouvons dans maints sujets de pièces, et qu'elle forme le fond des trois scènes si intéressantes de Claude Couturier et Jules Perrin, intitulées *Les Fenêtres.*

Que nous voici loin, avec de telles innovations, des petites méchancetés fallacieusement risquées au

.début, sous ce prétexte que les représentations du Théâtre-Libre étaient suivies par un public friand de scandale! Il n'y avait d'ailleurs pas à répondre à d'aussi malveillantes insinuations. Il suffisait, pour se convaincre du contraire, de jeter un coup d'œil sur la façon dont les salles étaient composées. Gens de lettres, médecins et avocats, négociants, industriels et gens du monde, se respectent suffisamment, je pense, pour ne point se risquer deux fois en des guet-apens tels que le Théâtre Réaliste, lesquels, disait Sarcey, relèvent plus de la correctionnelle que de la critique. Or, ni Sarcey, ni Fouquier, ni aucun des esthètes du théâtre, ne s'émurent jamais du peu de moralité des pièces les plus risquées du Théâtre-Libre. Avec de telles approbations, Antoine était d'avance dégagé de tout scrupule. Aussi bien en profita-t-il les deux années suivantes, pour accentuer les tendances sociales jusque-là esquissées, et chercher parmi les œuvres actuelles celles qui semblaient le mieux se conformer à ces tendances.

C'est dans cette intention que l'on risqua, pour ouvrir la saison 91-92, le *Père Goriot*, de Balzac, puis successivement les pièces à thèse des jeunes, où l'action faisait place à l'étude et même au mouvement synthétique de toute une caste. Telle, *Blanchette*, d'Eugène Brieux, critique des gens qui cherchent à s'élever au-dessus de leur situation sociale, et dont l'éducation n'est pas en rapport avec le milieu; psychologie détaillée de toutes les souffrances que peut éprouver un être aussi déplacé, surtout quand cet être est féminin. *Blanchette* ouvrit à son auteur, un jeune écrivain rouennais du plus bel avenir, les portes de l'Odéon, l'année suivante, comme celles du

Vaudeville, s'effacèrent d'elles-mêmes devant le vicomte François de Curel, après *l'Envers d'une Sainte*, tentative artistique nouvelle, originale et d'une belle ampleur, où l'on retrouvait le souffle ibsénien.

Gaston Salandri fut moins heureux avec la *Rançon*; et, quant à la *Dupe*, malgré ses rares qualités, elle provoqua chez Francisque Sarcey une amère déception, qu'il traduisit par ces mots :

"M. Georges Ancey était parmi les jeunes gens dont M. Antoine a mis le nom en lumière, un de ceux dont nous espérions le mieux. Nous avions reconnu chez lui un véritable don d'observation aiguë et pénétrante et le sens de la scène. Il savait d'instinct camper ses personnages; son dialogue pris sur le vif de la réalité, avait du relief et du brillant. Nous ne nous étions pas trop effarouchés de certaines brutalités voulues; nous disions qu'il faut bien que les jeunes gens jettent leur gourme; on commence toujours à vingt ans par casser les vitres. Nous attendions patiemment le jour où l'expérience, fille de l'âge et de l'étude, conseillerait à M. Georges Ancey de ne plus s'amuser à ces audaces juvéniles, et à faire de son talent un plus sérieux emploi.

Nous avons, par malheur, constaté cette fois que le cas de M. Georges Ancey s'est aggravé. Il a poussé plus avant dans son système et ses défauts se sont accentués de façon singulière. Ces défauts se peuvent tous résumer d'un seul mot : l'outrance.

M. Ancey et ses camarades du Théâtre-Libre affectent de prendre la violence pour la force, et la brutalité pour l'énergie. Quel que soit le personnage qu'ils mettent en scène et dans quelque situation qu'ils le placent, ils lui font dire, sous prétexte de vérité, ce qui est peut-être le fond de sa pensée, mais ce qu'il se garderait bien de laisser paraître dans la vie réelle; et ils le lui font dire avec un horrible cynisme d'expressions. Après quoi, ils se tournent vers nous et nous crient, ravis d'eux-mêmes : "Hein! comme c'est ça! Est-il assez canaille?,,

Mais non, mais non, ce n'est pas ça. Car jamais homme n'a parlé ainsi, et peu d'hommes même pensent de la sorte...

Puis, il examine la pièce en son ensemble, et se refuse à y reconnaître la réalité des faits qui s'y présentent dans la vie courante.

On dirait véritablement que le bonhomme n'a point vécu, puisqu'il nie que l'on puisse trouver des maris capables de gaspiller par tous les moyens possibles la dot de leurs femmes et d'extorquer par les artifices les plus inimaginables la fortune de leurs belles-mères. M. Sarcey est décidément d'un autre temps, et quand il vient au Théâtre-Libre il peut méditer le vers d'Ovide :

Barbarus hic ego sum, quia non intelligor illi.

L'Abbé Pierre, dérogation aux habitudes ordinaires de M. Marcel Prévost, *Seul*, d'Albert Guinon, *Simone*, de Louis de Gramont, *Les Maris de leurs Filles*, avec lesquels Pierre Wolff continuait une série brillamment inaugurée, ne manquèrent pas d'intéresser, soit par leurs données spéciales, soit par leur cadre, soit par la façon dont les auteurs y envisageaient l'art dramatique. *Les Fenêtres*, déjà signalées plus haut, étonnèrent par leur hardiesse, et l'on sourit, je ne sais pourquoi, aux essais scientifiques de M. Henry Fèvre, dont l'*Étoile Rouge* se vit comparée sans vergogne au cours du vieux Flammarion, alors qu'il y avait là, à mon sens, une trouvaille, un horizon nouveau, à la vérité peut-être insondable, mais tout au moins indiscutable, dans cette lutte mortelle entre la science et la vie, lutte fatale à son héros.

Les thèses sociales, elles, se retrouvèrent dans la *Fin du vieux Temps*, de Paul Anthelm, et dans *Mélie*, un acte de Georges Docquois, habilement exprimé du fond d'une nouvelle saisissante de Jean Reibrach. *La Fin du vieux Temps* était l'exposé des vieilles mœurs rustiques de paysans arriérés, en opposition avec les idées larges des gens de la génération nouvelle, civilisés au contact des villes; *Mélie*, une sorte de paradoxe habile, démontrant la stupidité du mariage entre ouvriers miséreux qui aggravent encore les difficultés de la vie en se reproduisant ainsi, sans songer, parce que c'est leur seul plaisir. Mélie, persuadée par une de ses amies, et par l'évidence des faits de la vie, brutalement racontés dans les journaux préfère, après de longues et tristes réflexions, l'existence facile et agréable des courtisanes à cette dèche éternelle, et se décide, la veille de son mariage, à fuir le toit paternel. En quoi elle a raison, dans le fond, aussi bien que dans la forme.

Quant au théâtre étranger, il fut, cette année-là, mis de côté, Antoine ayant inutilement cherché une œuvre entrant dans les données de son théâtre, et qui ne fût point d'Ibsen. Toutefois, cette série dramatique avait été des plus fructueuses, et concordait à merveille avec les jugements portés à son endroit dans le *Figaro* par Jules Lemaître :

"Sans être, disait le critique ordinaire des *Débats*, suspect d'une complaisance aveugle pour les tentatives du Théâtre-Libre, il y a, en vérité, dans quelques unes des pièces données, bien du talent, une observation sincère, et quelque force dramatique. Eh bien, si un directeur, se privant de la méchante joie de dire aux jeunes écrivains : Ça n'est pas du théâtre, leur disait : Ça peut en devenir. S'il les avait doucement contraints à retrancher les brutalités ou les morosités superflues, à se rendre mieux compte des auditions de leur art et des nécessités de la représentation, outre qu'il aurait bien mérité des lettres, croyez-vous qu'il se fût exposé à des fours plus complets qu'en nous reservant, sous des noms divers et connus, l'éternel vaudeville qui ressemble à tout, et dont personne ne veut plus?"

Et, ma foi, les directeurs se rendirent; il le fallait bien. Les plus rétifs coururent à leur perte. Jean

Jullien força les portes de l'Odéon avec la *Mer*, Méténier celles des Variétés avec *Monsieur Betsy* et la *Bonne à tout faire,* cette dernière tirée d'un des meilleurs romans de cet excellent analyste qu'est Dubut de Laforest; de Georges de Porto-Riche, la *Chance de Françoise,* vint gentiment par la suite figurer au répertoire de la Maison de Molière, *Amoureuse* ayant atteint la centième chez Porel. A l'Ambigu, Stanislas Rzewuski donna le *Justicier ;* Hennique, au Gymnase, la *Menteuse,* et Lavedan, au Vaudeville, le *Prince d'Aurec,* un succès d'autorité.

Cependant, même dans ces réceptions, la plupart forcées, on sentit se dégager la mauvaise volonté de certains retardataires endurcis, ce qui expliquait aisément les insuccès de Jean Jullien et d'Hennique.

En même temps, les artistes qui composaient initialement la troupe d'Antoine avaient été sollicités par les grands théâtres, ralliés quelque peu à la méthode nouvelle. Mayer, Grand, devenaient pensionnaires d'Albert Carré, ainsi que leur gentille camarade Luce Colas; Damoye, au masque dantonien, Janvier, que nul ne dépasse en ce moment dans le genre rustique, entraient à l'Odéon, Mme Louise France à la Porte-Saint-Martin, et Mévisto se consacrant au Café-Concert, essayait d'en relever le niveau et d'inculquer les principes nouveaux en ces drames de quarante vers, monologues ou chansons, d'un réalisme violent mais utilitaire et social. Tout en regrettant ces compagnons des heures de luttes et d'embarras, le directeur du Théâtre-Libre se consolait en pensant au nombre de jeunes gens désireux d'imiter leurs camarades plus anciens. Avec des artistes tels que Gémier, Pons-Arlès, Arquillière et Christian, secondés par Verse, Camis, Laudner, Dujeu, Amyot, Depas, Michelez et d'autres non moins vaillants; avec des interprètes aussi conciencieuses et aussi naturellement attrayantes en leur art que Mmes Barny, Irma Perrot, Eugénie Nau, Jeanne Dulac, Clem, Besnier, Vinet, Reynold, Marcelle Valdey, Miramon, Gabrielle Fleury, la regrettée Méréane, et (pourquoi ne pas la citer?) la petite Laurence Parfait, on pouvait affronter vaillamment la nouvelle campagne.

Antoine savait bien que, quelle que fût la valeur des œuvres représentées, les artistes ne resteraient pas au-dessous de leur tâche. Et ils le prouvèrent surabondamment.

Le père Sarcey, toujours lui, formula bien toutefois quelques critiques à leur endroit. Il prétendit, à l'occasion des *Fossiles*, ne pas pouvoir juger si l'auteur, M. François de Curel, était un homme de théâtre, tant sa pièce avait été mal jouée, au point qu'il était impossible d'en dégager le sens. "C'est à peine, ajoutait-il, si l'on pouvait, avec une tension extrême de l'oreille et de l'esprit, saisir quelques bribes de dialogue aux premières scènes qui sont pourtant celles où le drame est exposé.„

Je me contente d'insinuer doucement que le bon Sarcey vieillit, qu'il opère en matière de critique d'après de très, très vieux clichés, ce qui le force à gaffer bien souvent; que sa trompe d'Eustache dut être punie par où elle avait péché, c'est-à-dire pour avoir prêté une trop grande attention aux exclamations mélodramatiques de la Porte-Saint-Martin, qui vraisemblablement lui faussèrent le tympan; et que, maintes fois, ses critiques se répètent, sinon avec les mêmes mots, du moins avec les mêmes banalités réfutatives. Ainsi, par principe, il a combattu toute invasion du théâtre étranger, et, depuis les imprécations à Porel, à propos de Shakspeare, jusqu'aux fulminatoires invectives à l'adresse d'Ibsen et de Strindberg, il n'a jamais trouvé un argument nouveau, jamais une atténuation favorable expliquant le mouvement des idées qui nous amènent forcément à rechercher ce qui se passe dans l'au-delà, au lieu de nous renfermer, par chauvinisme, dans les limites de notre intelligence nationale, si fortement comprimée depuis vingt ans par la platitude bourgeoise des mœurs.

Est-ce que nous nions l'excellence des œuvres passées, qui firent l'admiration de nos ancêtres? Loin de là, puisque nous commençons avec elles l'étude de la vie. Alors pourquoi les vieux se refusent-ils à examiner l'évolution de l'esprit à travers les sujets inexplorés. Uniquement parce qu'ils vieillissent. Alors, Sarcey est excusable, à cause de son âge. On ne se refait pas, même à soixante-cinq ans, quand on a été maniaque à trente. Il a passé pour un novateur, un belliqueux sous l'Empire, cela lui suffit.

Constatons simplement qu'il est généralement animé des meilleurs sentiments à l'égard du Théâtre-Libre, parce qu'il déclare aimer les jeunes gens. Il ne va pas jusqu'à reconnaître chez eux les prémices d'un art nouveau, d'un horizon inconnu de ses congénères à lui, mais enfin il veut du bien à tout le monde. Non seulement il est excusable, mais il est bénissable et nous le bénissons.

Plus que jamais, la dernière saison, celle de 1892-93, marque un progrès dans le théâtre social. Je dirai même qu'elle ouvre la marche triomphale de l'ère socialiste, puisqu'elle a entraîné comme un seul homme tous les spectateurs à souligner d'applaudissements frénétiques la lutte de l'opprimé contre l'oppresseur, du travailleur miséreux contre le bourgeois opulent, le capitaliste et l'industriel exploiteurs. Cette victoire était de longue date préparée, mais insensiblement, inattendûment, de façon à pénétrer plus sûrement dans l'esprit du public.

Les *Fossiles*, jugés l'une des meilleures pièces de l'année, indiquaient le contraste entre les mœurs d'une aristocratie confinée dans ses vieilles traditions et le modernisme contemporain. Ils marquaient aussi un retour aux tendances idéalistes, si longtemps délaissées. Donc, une nouvelle source, un courant inexploré, qui se faisait jour par le Théâtre-Libre.

Le *Grappin*, de Gaston Salandri, et l'*Affranchie*, de Maurice Biollay, œuvre intéressante au point de vue psychologique, avaient ouvert la saison. D'autres actes plus mouvementés suivirent bientôt.

On assista à ce paradoxe vivant d'un voleur philosophe fraternisant avec l'artiste bourgeois qu'il était sur le point de dévaliser, et criant avec lui : *A bas le progrès!* Le vieux de Goncourt rajeunissait en son jardin. Puis, ce fut un cérébral, le nommé Brésile, sorte d'autonome taxé d'audacieuse inconséquence par les autres humains, et qui, étant donné les mœurs d'aujourd'hui, trouvait tout naturel d'exercer sur sa légitime les pratiques chères aux Des Grieux bellevillois ou autres.

Ce caractère n'avait encore paru sur aucun théâtre avec une telle violence, un semblable cynisme, fortifié surtout par une conversation empreinte d'un symbolisme cher à l'auteur, Romain Coolus, un jeune

psychologue quelque peu universitaire cependant.
Bien que le langage du *Ménage Brésile* dénotât une
forte éducation philosophique, on s'en gaussa. Fut-ce
à tort ou à raison, je ne veux point juger, mais l'effet
n'en fut pas moins produit.

Mademoiselle Julie, pièce en un acte du célèbre
scandinave Auguste Strindberg, accentua mieux
encore la note symboliste en y ajoutant un intérêt
psychique et social. L'héroïne de la pièce est une
descendante de vieille race noble, laquelle, névrosée
par les influences modernes, éprouve une passion
coupable à l'égard d'un valet; mais qui, la faute
commise, veut reprendre le dessus et évoquer les
vieilles traditions ancestrales; seulement, sujet hypno-
tisable, elle tombe sous le pouvoir de son séducteur
(est-ce bien le mot, dans le cas présent, puisque Jean,
ce serviteur, a été plutôt ensorcelé par elle?) et ce
dernier, qui sent bien, étant sain d'esprit, la différence
des castes, lui enjoint de s'aller tuer pour ne pas
survivre à son déshonneur et mourir en fille de sei-
gneur, ce que, fatalement, elle se résout à faire.
L'auteur accompagnait son œuvre d'une longue pré-
face explicative, que, malheureusement sans doute, le
petit nombre prit la peine de lire, et qui éclairait le
mieux du monde sur ses intentions. Dans cette lutte
entre deux éléments de la société bien personnifiés,
il y avait donc l'étoffe d'une pièce socialiste autant
que psychologique. Le public ne parut pas comprendre. Il ne s'intéressa guère plus à ce combat entre la
maîtresse abandonnée et son amant, jeune substitut
sur le point de se marier; on y dépeignait d'une
façon très fine la manière qu'ont beaucoup de jeunes
gens aisés, et surtout les magistrats, même et surtout

les plus rigides en leurs principes, d'envisager le *Devoir*. D'ailleurs, cette pièce, émouvante par certains côtés, était d'un jeune, d'un débutant, Léon Bruyerre, c'est pourquoi, sans doute, la critique elle-même parut s'en désintéresser.

Quant aux *Mirages,* de Georges Lecomte, la lutte s'y circonscrivait dans le milieu littéraire. Aussi bien, plusieurs d'entre nous, j'entends parmi les jeunes, les retoqués d'hier et peut-être encore de demain (on est maintenant exposé aux pas de clerc à tout âge en matière d'art, furent-ils aisément enthousiasmés.

Combien, en effet, s'étaient retrouvés, s'étaient sentis revivre dans ce malheureux Paul Hamelin, en lutte aux nécessités de la vie, aux railleries du vulgaire, à l'obsession d'un amour dont, hélas, il a symbolisé de formes touchantes le trop bourgeois objet, aux échecs continus qui aigrissent le caractère, assombrissent l'âme, et mènent, sinon à la mort physique, du moins bien souvent au suicide moral, au désolant *A quoi bon*, annihilateur de nos forces cérébrales, ou à des hallucinations voisines du délire. J'ai exprimé, à ce sujet, ma franche et bien sincère opinion sur ce drame émouvant qui m'intéressait personnellement, étant données certaines similitudes de situations, que je n'ai pas été fâché de voir vécues par un autre héros, fût-il fictif, car elles m'ont rassuré pour l'avenir.

Cette même appréciation, que l'on retrouverait dans une chronique de la *Revue du XXe Siècle* (avril 1893), organe très vaillant et qui m'est cher, laissait soupçonner chez l'écrivain, non sans satisfaction toutefois, des tendances légèrement anarchistes.

Deux mois après, ces mêmes tendances prenaient une forme d'effroyable matérialité avec les *Tisserands*, et, contre l'attente du plus grand nombre, elles triomphèrent entièrement.

Dans l'intervalle, on créa un petit chef-d'œuvre de simplicité comique, dont le nom est aujourd'hui dans toutes les bouches, tant il s'imposait aisément, rien que par le compte-rendu, à la compréhension simple des masses. Heureux les auteurs dont le style pénètre aussi aisément l'esprit des foules, ils sont presque toujours les premiers à remporter le brevet de célébrité. Ce *Boubouroche*, que tous connaissent, qui abonde à Paris et auquel nul n'aurait pensé, était tout bonnement tiré par Georges Courteline d'une de ses meilleures nouvelles. Je me souviens qu'on dut lever deux fois le rideau après la fin du spectacle, et qu'Irma Perrot, qui s'était délicieusement acquittée du rôle d'Adèle, fût bissée dès les premières scènes. C'était justice, incontestablement, car jamais encore cette jeune et si sympathique artiste n'avait trouvé une occasion sérieuse de faire apprécier son talent et ses connaissances scéniques au Théâtre-Libre, où jusqu'alors on ne lui savait que des rôles très secondaires, dans lesquels cependant elle parvenait à se mettre en évidence. Aussi bien, cette diction claire et empreinte d'une douce naïveté, pleine d'à-propos, qui l'avait fait applaudir en maintes soirées, qu'elle récitât du Villon ou simplement une paysannerie bretonne, jointe à de réelles qualités de métier et au brio du sujet, l'imposèrent au public. Et ce soir-là, elle fut sacrée étoile, ce dont elle ne se montra pas plus fière, la sotte vanité paraissant tout à fait incompatible avec son charme extérieur.

Naturellement, le succès de *Boubouroche* laissa fort loin derrière lui *Valet de Cœur*, trois actes de Vaucaire, qui pour beaucoup semblèrent une vague répétition de pièce déjà vue et rappelaient, je ne sais trop pourquoi, de vieux clichés, sans se rattacher à aucun des genres nouveaux.

Et l'on se figurait que le Théâtre-Libre dormirait sur ces lauriers justement conquis dans la note comique, lorsque sonna le refrain d'alarme des farouches *Tisserands*. Cela, par exemple, personne ne s'y attendait. On savait bien quelques jours à l'avance, par la voie des journaux, qu'il s'agissait d'une pièce allemande d'un vif intérêt, puisqu'elle avait été interdite par la censure après son apparition au Théâtre-Libre de Berlin, mais l'enquête n'allait pas plus loin. D'ailleurs, où donc eût résidé le charme de la première? Aussi, lorsqu'on vit ces malheureux, trop longtemps opprimés, se révolter contre les outrages des patrons et des commis outrecuidants, puis leur faire expier par une heure de révolte des siècles de misère, les plus hardis d'entre les opulents se tinrent cois, puis comparèrent, car ils le pouvaient faire, tisserands au-delà du Rhin et mineurs en deçà. Le mot seul changeait; l'âme du drame était la même. Et ils songèrent que la watrinade pourrait bien recommencer si l'on ne s'occupait sérieusement d'améliorer le sort de ces deshérités qui travaillent pour l'humanité, en raison directe de l'injuste oppression qu'elle exerce sur eux.

Et, bien qu'en dût conclure André Hallays, des *Débats*, si la *Chanson du Linceul* était fredonnée par des snobs désireux de bien finir leur soirée, je gage, moi, qu'elle a produit sur l'esprit des capitalistes l'effet qu'on en attendait; la peur d'abord, puis la crainte continuelle de voir s'avancer pour eux le moment des explications décisives, moment qui est proche si j'en crois les derniers événements, d'autant plus proche, même, que l'état d'esprit de la jeunesse intellectuelle, par une apparente anomalie, cette jeunesse étant en effet issue de la bourgeoisie, semble s'identifier avec celui de l'élément ouvrier, dans le mouvement des idées nouvelles et le conduire fatalement à sa revanche.

Les *Tisserands* ont été le dernier mot du théâtre cette année. Ils ont, à mon sens, avantageusement remplacé *En Automne*, une pièce aux tendances parallèles, de Gabriel Mourey et Paul Adam. C'est regrettable, je le concède, pour les auteurs de cette restitution évidemment intéressante des événements de Fourmies, mais préférable peut-être dans l'ordre des choses.

La même raison qui faisait, pour ainsi dire, s'écrouler la salle sous des tonnerres d'applaudissements (et je suis loin d'exagérer en enflant ainsi les expressions), pouvait faire siffler une pièce homologue dont seul le cadre variait.

Car plus d'un, soulevé par l'enthousiasme général, dut battre des mains parce que c'étaient des Allemands, des tisserands silésiens qui souffraient, faisant ainsi preuve d'une inconsciente cruauté et d'une ignorance notoire et coupable des saines et généreuses doctrines humanitaires qui devraient régir le monde, alors que ses trépignements de colère n'eussent plus connu de bornes s'il avait vu les mineurs affolés par leur servitude se venger de leurs oppresseurs et toucher à l'armée, chose sacrée désormais, puisque l'armée, c'est nous-mêmes, et que les soldats d'aujourd'hui sont les travailleurs de demain.

D'ailleurs, la censure, à laquelle Antoine porta les *Tisserands* au lendemain des représentations privées, ne l'autorisa pas plus qu'elle n'avait accepté *En Automne*. Donc, point de jalousie possible.

Cette admirable exposition des misères sociales, qui mettait en vedette parmi nous le nom de Gerhart Hauptmann, déjà si populaire à Berlin, ne pouvait, pour le moment, trouver ici sa pareille. C'est pourquoi le dernier spectacle de la saison qui se ressentait évidemment des approches estivales, se borna à des études plutôt superficielles, bien qu'originales. *Ahasverus*, de Herman Heyermans, ressouvenir des persécutions anti-sémitiques en Russie, la *Belle au Bois rêvant*, un acte en vers, le seul de la saison, par Fernand Mazade, et *Mariage d'argent*, paysannerie normande, délicieusement stéréotypée par Eugène Bourgeois, l'auteur du *Pendu*.

C'est donc sur l'effet produit par les *Tisserands* et leurs précédents, qu'André-Antoine pourra se guider le plus utilement dans l'avenir.

Que si, comme l'exprimait si éloquemment notre maître et ami, le poète Clovis Hugues, dans une conférence, de jeunes Français se sentent assez imprégnés du souffle socialiste et humanitaire qui plane actuellement sur les esprits et s'inspirent utilement de Balzac, de Goncourt, de Zola, de Vallès et de Tolstoï, en appliquant ce dernier à nos théories, je leur souhaite alors d'enrichir notre littérature dramatique d'œuvres vraiment scéniques, respirant, s'il le faut, la révolte, mais généreuses par le fond et compatissantes aux malheurs des humbles, autant qu'impartiales, en présence des stupéfiantes vérités de la vie actuelle.

Ceux-là sont sûrs d'être joués au Théâtre-Libre, et joués avec succès, car ils auront compris la véritable voie du théâtre de demain. C'est du moins le vœu du directeur, et tout porte à croire que le programme de la saison nouvelle, sur lequel il garde avec raison le plus profond secret, sera conçu dans cet ordre d'idées, pour le plus grand bien de l'art dramatique, et à la satisfaction très grande de ses nombreux disciples.

L'AVENIR.

Cette influence de l'école socialiste qui s'impose par des faits beaucoup plus que par des mots, ne doit pas faire négliger cependant les autres voies dans lesquelles le Théâtre-Libre s'est si brillamment engagé, celles surtout où il a déterminé des courants. Il reste encore de grands progrès à faire dans l'*Ecole Idéaliste*, laquelle contre-balancera utilement ce que son opposée, l'*Ecole Naturaliste*, pourrait avoir de trop risqué, de trop choquant pour les esprits timorés qui, de nos jours, ont l'horreur du nu et s'inscrivent en faux contre Zola, Goncourt et leurs disciples.

L'au-delà, joint aux thèses sociales, produira lui aussi de belles œuvres qui acquerront de la clarté, malgré le mysticisme ou l'inexpressible de certaines émotions, et permettront ainsi au symbolisme de se tailler à son tour la place qu'il devrait occuper depuis longtemps au théâtre, s'il n'était constamment gêné, dans sa marche, par nombre de jeunes écervelés beaucoup plus soucieux d'impressions bizarres et inutiles, mais harmoniques et instrumentales, que d'idées nouvelles, dont la recherche mettrait leur délicat intellect à la torture.

Ces chercheurs d'infini n'ont pas l'air de se douter de ce qu'un Larousse complet en dix-huit volumes peut contenir de mots, ni de ce que la science contemporaine en fabrique chaque jour. Ils veulent à toute force renchérir sur cette dernière, sans prendre même la peine de rechercher si les néologismes qu'ils forgent ont une raison d'exister ou répondent à un besoin quelconque.

Et, naturellement, ils s'emportent quand on leur déclare que telle pièce conçue dans ce sens est défavorable, et déchaînent alors leurs foudres mercuriels et primitifs sur le censeur inexorable du Théâtre-Libre qui refuse leurs chefs-d'œuvre.

Ceux-là aussi seront accueillis, lesquels, sans négliger les traditions des maîtres qui les ont précédés, ont su se conformer au goût du jour, à l'exemple de Georges Ancey, Louis de Gramont, Pierre Wolff, G. de Porto Riche, Eug. Brieux, Lecomte, Courteline, etc. Le procédé leur a réussi et les a menés quand même les uns au Vaudeville, les autres à l'Odéon, les plus favorisés par la *Chance* à la Comédie-Française.

De tels résultats suffisent amplement, d'ailleurs, à prouver l'influence du Théâtre-Libre sur le mouvement contemporain, influence si longtemps discutée par les directeurs rivaux. Remarquons en passant, que nombre de ces détracteurs de l'époque initiale ont disparu de la circulation, et qu'à peu de distance, Antoine compte aujourd'hui parmi les doyens dans la carrière directoriale active.

Rien n'est plus curieux, en effet, que de constater le rapport qui existait entre les prédictions de quelques-uns de ses grands confrères et la façon plus ou moins exacte dont elles se sont accomplies. Je mets à contribution, dans ce but, les intéressantes interviews de Maurice Lefèvre, parues à ce sujet dans le *Figaro* (août-septembre 1891.)

Consultés sur ce qu'il fallait penser du Théâtre-Libre, ces messieurs répondirent différemment :

Jules Claretie déclara que son influence sur les productions dramatiques était indiscutable.

Porel, le doux Porel, qu'on s'attendait à voir émettre un avis semblable, puisqu'il dirigeait le second Théâtre-Français et devait logiquement avoir les mêmes vues que son collègue, affirma que cette influence était nulle.

Plus raisonnable et plus compétent sans doute en matière d'art, M. Albert Carré, le sympathique directeur du Vaudeville, affirma que le Théâtre-Libre avait rendu de réels services, de très grands services. "Il serait injuste de ne pas le reconnaître, ajouta-t-il, et je le dis sans jalousie aucune. Il a fait ce que nous ne pouvions pas faire, nous que retient le besoin des résultats matériels et le souci du lendemain. Il a donné le goût du théâtre à une foule de jeunes écrivains et leur a servi de champ d'expériences.„

C'était parler en sage. Aussi dut-il à cette bonne volonté d'être sauvé du péril.

M. Maurice Lefèvre était en droit d'attendre une semblable réponse du directeur du Gymnase; il fut bien déçu :

"Non, non, il n'a rien fait, le Théâtre-Libre, rien, entendez-vous„, clama Victor Koning de son timbre hargneux, comme s'il eût, ce jour-là, avalé *six os*.

Il a si peu fait qu'il a tué le Gymnase, et qu'il n'en restera pas pierre sur pierre, moralement, s'entend.

Certes, des pièces nouvelles, comme la *Menteuse* de Hennique, pouvaient éprouver de grandes difficultés à plaire au public bourgeois du Sentier, encore imbu du *Maître de Forges* et de *Serge Panine*. Mais, de cette lassitude jusque là mal exprimée, il n'eût pas fallu abuser, et naturellement des pièces du genre de *Tout pour l'Honneur* (Hugues le Roux) et du *Bon Docteur* devaient précipiter la chute.

Le même sort, dans le même temps, attendit Parfouru Porel. Dans l'intervalle, le malheureux avait été atteint de la folie des grandeurs dramatiques, et avait monté, pour plaire à qui l'on sait, le Grand-Théâtre.

Là, il voulut appliquer ses théories exclusivistes que gênait l'exiguité odéonesque, et, achevant de se parfourvoyer, il dut, au bout d'un semestre, liquider désastreusement sa situation. Il avait découvert aux muses une *Sapho* d'une pureté contestable, et une *Lysistrata*, parodie aristophano-chatnoiresque de Maurice Donnay, dont l'esprit, grossi au télescope, l'aida à traîner durant un printemps le trop pénible chariot auquel il s'était attelé, et qui devait enfin l'écraser.

Heureusement, deux novateurs mieux avisés, l'avaient remplacé à l'Odéon. MM. Marck et Desbeaux, deux des plus sympathiques et des plus compétentes d'entre nos personnalités théâtrales et littéraires, inaugurèrent leurs fonctions avec une fort intéressante étude d'Eugène Brieux, *Monsieur de Réboval,* où l'on trouvait aisément les fruits de la saine éducation du Théâtre-Libre, dans lequel ce jeune écrivain avait si brillamment accompli ses premiers pas.

Puis, successivement, défilèrent *Mariage d'Hier,* de Victor Jannet, un autre jeune, plus indépendant et par suite plus aisément délaissé, *La Fille à Blanchard,* pièce tirée d'un roman de Jules Case par

M. Humblot, et créée par Sarah Bernhardt dans le cours de ses voyages extra-océaniques.

Ce n'était pas du Libre, mais l'influence s'y retrouvait aisément. *Une Page d'Amour*, cinq actes tirés du roman de Zola par Charles Samson, et l'*Argent d'Autrui*, de Hennique, accentuèrent cette influence. Mais il fallait compter un peu avec le gros public bébête de l'Odéon. On le satisfit avec l'*Héritage de M. Plumet*, qui termina la saison, au grand déplaisir des novateurs.

Mais, MM. Marck et Desbeaux avaient fait preuve de bonne volonté, il était donc bien juste de leur pardonner cette petite infraction aux tendances, d'autant qu'ils sont animés des meilleures intentions vis-à-vis des jeunes pour la saison prochaine.

Au Vaudeville, ce fut presque avec de l'enthousiasme que l'on fit accueil aux recrues du Théâtre-Libre. Le succès du *Prince d'Aurec* est encore gravé dans toutes les mémoires, et l'*Invitée*, de François de Curel, si elle ne rallia point encore les profanes, obtint du moins l'assentiment de tous les délicats.

En outre, les matinées du jeudi permirent à un grand nombre de jeunes gens de faire connaître à la critique et à quelques lettrés des œuvres qui risquaient fort de rester longtemps inédites, telles les *Jobards* de Guinon et Denier, *Gens de Bien*, trois actes de celui-ci, repris avec succès dans les spectacles du soir, le *Dindon*, de Léo Trezenik, etc.

La Comédie-Française elle-même se montrait moins farouche, et, accueillant Porto-Riche, de Curel et Marsolleau, sacrifiait quelque peu au goût du jour. Elle subissait donc, elle aussi, l'influence évolutive du Théâtre-Libre.

Toutefois, Antoine s'aperçut aisément de ce que toutes ces causes de succès avaient jeté une certaine défaveur sur la poésie dramatique dans l'esprit du public. Celui-ci, qui avait paru protester tout d'abord contre le manque de pièces en vers, avait, depuis le *Père Lebonnard*, gardé le silence, et un acte par saison, deux au plus, voire même point du tout, ne soulevèrent aucune récrimination. C'est qu'on sentait aisément le manque d'envergure poétique, et qu'il était inutile d'essayer de remédier par des efforts laborieux, mais stériles, aux inspirations du génie. Et nul, si gentiment ciselés que fussent ses vers, qu'il eût nom Mikhael, Marsolleau ou Mazade, n'approchait encore de Richepin, ni même de Banville et du *Baiser*. Car, en poésie, il ne s'agit pas uniquement d'observer, il faut aussi créer et traduire sa création dans la langue des dieux.

Le mieux à faire était d'attendre des pièces nouvelles et mieux inspirées. D'ailleurs, le Théâtre-Libre n'a jamais cherché que cela, des pièces nouvelles, et des auteurs nouveaux susceptibles de se révéler chez lui au bout d'une ou deux tentatives intéressantes, d'essayer ensuite de forcer les portes étrangères, et de revenir, s'il est nécessaire, se refaire chez lui dans le cas d'un échec trop intense. Certains écrivains d'ailleurs consciencieux, je le concède, mais peut-être trop enclins aux familiarités importunes en cette matière, se sont figuré que le Théâtre-Libre n'avait été fait que pour eux. C'est une grande erreur. Son but est de donner en spectacle des pièces qui plaisent à une élite d'abord, à un public ensuite, si c'est possible, mais non de servir de pis-aller à des dramaturges enclins à pontifier au lendemain de leurs débuts. C'est ce que laissait d'ailleurs récemment entrevoir Pierre Wolff dans un article paru au *Journal*, et consacré à Antoine. Il faut songer que les jeunes sont derrière à qui, bon gré, mal gré, nous devons céder la place comme nos aînés nous l'ont laissée. Sans quoi, que devient le progrès? Stationnaire, situation fâcheuse et qui est une perte sèche pour l'art.

D'ailleurs, la tâche peut paraître fort suffisante déjà avec le seul théâtre en prose, où quatre écoles pour le moins se partagent la faveur du spectateur.

Qu'adviendrait-il si ces quatre écoles se retrouvaient en poésie? Ah, certes, je gage qu'une bonne pièce en vers ne sera point refusée, mais un directeur ne se doit-il pas quelque peu à ses abonnés qui sont, en quelque sorte ses actionnaires, lesquels trouveraient que, pour des gens avides de nouveautés, ces surcroîts de poésie ressassée semblent bien indigestes.

Il faut convenir que ces occupations directoriales doivent être jusqu'à un certain point absorbantes, quand, à la gestion administrative, on joint le soin de diriger une troupe, d'y jouer soi-même la plupart des premiers rôles, et de la mener ensuite en province puis à l'étranger.

Ce triple rôle d'impresario, de régisseur et d'administrateur, ne dut-il pas à certains moments épouvanter ce laborieux qui, il y a six ans, se figurait sans doute qu'il n'aurait qu'à jouer en amateur devant de petites salles indulgentes et bien préparées. Car elle dut être incessivement difficultueuse cette gestion du début, dans laquelle le déficit apparaissait menaçant et prêt à briser toutes les espérances d'avenir. On sent avec quelle vigueur il a fallu combattre pour arriver enfin à couvrir ces dépenses et rétribuer honorablement, non seulement le personnel, mais encore les auteurs.

Aujourd'hui, Antoine est sauvé. Désormais, son spectacle comprendra trois séries, ce qui indique une sensible augmentation du nombre des membres honoraires. A sa réouverture, il jouera sa cent-quatrième pièce : *Une Faillite*, de Bjornsen, l'auteur scandinave, ce qui représente actuellement deux cent-trente-six actes inédits. Je crois que l'on aurait mauvaise grâce à méconnaitre la somme de travail représentée par ces six années d'efforts soutenus et progressifs. Il est vrai qu'Antoine, en tant qu'administrateur, est admirablement secondé par son secrétaire général, notre excellent confrère Chastanet, qui à son amabilité exquise à l'égard de chacun, joint une parfaite connaissance des affaires, et que l'on peut se reposer sur lui du soin de bien des choses; mais les responsabilités et le travail scénique, le souci de l'avenir, c'est Antoine, encore Antoine, et toujours Antoine.

C'est lui que l'on trouve chaque jour, acharné au travail, devant le bureau qu'il s'est ménagé dans un coin de la salle des répétitions de la rue Blanche, salle que ces six années ont rendue pittoresque dans sa simplicité et où l'on trouve comme une trace bienfaisante de tous les progrès accomplis. Aux murs ce sont les six rangées de programmes, les affiches des tournées de province les plus célèbres, celles de la *Fille Elisa*, des *Revenants*, de *Blanchette*, de l'*Evasion*, etc.; puis dans un autre coin, à droite, le médaillon Antonin; ailleurs, quelques gais souvenirs des succès passés, les couronnes de lauriers, rehaussées de larges banderolles rubescentes, le portrait de Pons-Arlès dans *Boubouroche* par Ricpon Brunet, celui de Léon XIII placé comme par hasard entre deux fenêtres au-dessus de l'affiche de l'*Ecole des Veufs ;* celui d'Henrik Ibsen, tête de vieillard toujours vert, aux yeux étonnants de volonté, superbement encadrée par deux triangles de favoris neigeux; la lettre de faire-part de Colombine, morte à l'âge de vingt-cinq ans, au grand désespoir de Pierrot.

Puis, au fond, ce sont des piles de journaux qui relatèrent chaque pas en avant de la vaillante cohorte; enfin, la bibliothèque, précieux monument de l'histoire dramatique de cette fin de siècle, et qui forme comme la clef de voûte intellectuelle du Théâtre-Libre de l'avenir.

Et cet avenir, je le devine, serait parfait pour Antoine, s'il pouvait arriver à faire édifier un jour le Théâtre-Libre de ses rêves; un édifice qui réunirait à la fois toutes les qualités des grands théâtres parisiens et même étrangers, sans en avoir les inconvénients; un théâtre où chacun serait à l'aise, où la critique aurait ses assises et le moyen de transmettre ses impressions premières (les bonnes, car elles n'ont pas encore eu à compter avec l'envie), sur le champ au papier, puis aux journaux, où le spectateur n'aurait pas les rotules et les cubitus endommagés par suite de l'exiguité des stalles; où les ouvreuses n'exerceraient point leur agaçante tyrannie sur les malheureux qu'elles rançonnent sans merci, où l'acoustique et l'optique seraient étudiées de façon à ce que des rangs entiers de fauteuils ne fussent point comme à l'Opéra et aux Français impropres à l'audition d'une pièce et à l'examen des décors ou des personnages. Enfin un théâtre modèle, imité de celui de Bayreuth où les places seraient abordables à tous, moitié moins chères que celles des autres grands théâtres, dans lequel les premières seules auraient lieu sur invitations à la presse et aux abonnés, à bureaux fermés, et toutes les autres représentations en public, Anastasie ayant opéré ses coupures.

Ce jour-là, le Théâtre-Libre deviendrait non-seulement le meilleur théâtre de l'avenir, mais le premier du monde, puisqu'il joindrait au culte de l'art véritable. le soin minutieux de satisfaire en tout point le spectateur.

A cela, nul ne voit rien d'impossible qui se rend un compte exact des progrès accomplis, et surtout de ceux qu'il a fait accomplir. Il est sur le bon chemin. Notre vœu le plus cher à tous est donc qu'André Antoine arrive au but qu'il s'est tracé, puisqu'en travaillant pour lui il travaille pour nous, et, ce qui est encore beaucoup plus digne d'éloges, pour l'Art et pour l'Humanité.

L'ÉVOLUTION MUSICALE

II.

L'ÉVOLUTION MUSICALE

Edouard Colonne et l'Association Artistique.

—0

Il est des pensées d'un ordre tellement supérieur que nulle langue, hormis celle qui les exprima pour la première fois dans toute leur beauté, telles qu'elles avaient été conçues, ne saurait les traduire avec une égale intensité.

On sent dans tel vers d'Horace ou de Virgile tout un monde de choses et l'on se complait à l'extase, alors que les mots par lesquels on traduit leurs idées n'en donnent qu'un vague et pâle reflet.

De même, il est des sentiments si parfaits, si sincères qu'une seule langue, la musique peut en donner l'expression. Celle-là, heureusement, si elle reste intraduisible, est aussi universelle et se conserve intacte, mais avec toutes les perfections acquises à travers les générations qui en perpétuent les traditions et les œuvres. Quel assemblage de mots serait assez harmonieux pour exprimer avec la puissance géniale qui les environne, ces états premiers de l'âme qui sont l'amour, le désir, la joie, le bonheur, la tristesse, l'enthousiasme, l'ardeur guerrière et l'adoration?

La musique est leur seule langue, la langue des principes. C'est donc, pour ainsi dire, comme une manifestation dans l'espace, de notre religion.

Abstraite, en ce sens qu'elle ne comporte de personnification qu'autant que des paroles l'accompagnent, l'expliquent, ou, à leur défaut, des gestes cadencés ou mimés, elle se rapproche beaucoup plus de l'infini, de l'absolu et du parfait que ses sœurs, la poésie et la peinture, pour lesquelles le symbole est encore contesté. Ce n'est pas à dire qu'elle ait beaucoup d'avance sur elles, mais le pas franchi depuis un demi-siècle par la musique lui a permis, je ne dirai pas encore de distancer, mais tout au moins de se placer au niveau des autres arts au point de vue des tendances évolutives.

La poésie avait déjà Chénier, Hugo, Lamartine, Musset, et la peinture Delacroix, que le romantisme restait encore un mythe pour l'art de Grétry, de Mozart et de Haydn. Et, comme la langue musicale n'était que l'apanage du petit nombre des privilégiés, la peine fut immense, on le conçoit, il y a quelque trente ans, d'initier le peuple français à une musique qui, elle aussi, serait romantique.

Et d'abord, devaient s'exclamer les Didymes, grisés par les accents de la musique de Meyerbeer et de Bellini, qu'entendez-vous par musique romantique? Serait-ce celle qui nous dépeindrait un Chatterton aux prises avec l'amour et la misère, ou la laideur de Quasimodo, en opposition avec la grêle et troublante gracilité de la Esmeralda?

Mon Dieu, ne serait-ce déjà que cela, il y aurait

lieu de s'étonner de ce qu'une telle œuvre n'eût pas été tentée; mais non, la musique romantique ne s'attache pas à prendre des caractères nettement spécifiés. Ce serait se parer d'une vaine supériorité sur son aînée, la musique classique. Qui m'indiquerait, à moi, que si des chants d'amour partent de la bouche édentée du nain difforme, ils ne s'adressent pas plutôt à la sorcière qu'à sa fille, la jolie bohémienne?

Non, la musique romantique est romantique, parce qu'elle synthétisera, sans nul besoin de mots, tout ce que la psychologie morale de l'homme compte de grandes facultés, parce que la philosophie de Faust viendra y agiter les plus grands problèmes, pendant qu'un chœur tour à tour bruyant ou guerrier nous rappellera à la réalité des choses, et aussi parce que la Nature entière, par les ondes frémissantes qui nous apportent le grand frisson des œuvres d'art, se trouvera puissamment reflétée, avec ses orages, ses tempêtes et la colère divine apaisée par ce calme et cette sérénité.

Mais, notre humanité est ainsi constituée que lorsqu'un être en rencontre un autre sur son chemin à diverses reprises, l'opinion qu'il se fait de lui d'abord, de ses actes ou de ses œuvres ensuite, varie selon les circonstances, les évènements et les milieux.

Comment, après cela, oser maintenir une opinion sur les hommes et les choses. Les principes eux-mêmes, si on ne les admettait d'avance, sans discussion, seraient contestés. Et, dans la musique, comme dans les autres manifestations de l'intellectualité, il en fut ainsi.

De toute notoriété, en effet, les anciens ont vu d'un mauvais œil leurs cadets les jeunes les égaler et

puis les surpasser. Tout d'abord, charitablement, ils
essayaient par des conseils, dont ils s'efforçaient de
voiler la véritable intention, de les détourner de leurs
idées, les engageant à suivre une voie latérale dans
laquelle ils seraient moins gênés, ce qui voulait dire
où ils gêneraient moins. Puis, voyant que leur initiative les amenait, de par l'ordre même des choses à
ce degré de perfection qu'ils n'avaient pu atteindre,
eux les anciens, bénéficiaires d'une popularité qu'ils
sentaient devoir bientôt leur échapper, se tournèrent
contre leurs cadets, et ravalèrent au dernier degré
leurs conceptions de l'art dans l'esprit des hommes.

Ce procédé, si je ne m'abuse, fut de tout temps
suivi, et dans le mouvement artistique il me semble
assez manifestement en cours en ce moment. Pourtant, si ce qui est acquis à la postérité est bien, il ne
s'ensuit pas que ce qui viendra ensuite ne puisse être
mieux, tout au moins aussi bien. Les générations
ultérieures seules ont le droit de juger. Mais voilà,
certaines sources de prodigalités, auxquelles remédient
aisément les droits d'auteur fastidieux sur les scènes
du boulevard, pourraient alors changer de mains et
jeter l'émoi dans le centre intellectuel, côté des arri-
vés. Et, de Paris à la province, comme dans le reste
du monde, l'écho se répandrait sonore et terrifiant.

Ce serait à coup sûr aussi étonnant que de voir
du Berlioz et du Beethoven devenir populaires et
d'entendre les marches de l'un, les symphonies de
l'autre, sifflées par les gamins à travers les rues tout
comme la *Vague* ou *Gloire immortelle de nos aïeux*.
C'est comme une nuance de ridicule qui plane sur
celles des œuvres destinées à constituer le répertoire
des orgues péniblement criardes qui circulent dans les

grandes villes, et j'avoue franchement préférer la notoriété acquise par Berlioz et David, et de nos jours par d'Indy et Gustave Charpentier, notoriété qui se contente, sans grand effort de générosité, des suffrages d'une élite d'initiés, aux acclamations des foules moutonnières venues pour entendre le grand air de la *Juive* ou de *Guillaume Tell*, et s'en allant plus satisfaites que de la *Walkyrie* ou de *Salammbô*, parce qu'elles auront retenu des airs qui, serinés des milliers de fois durant la solitude des heures de désœuvrement, leur rappelleront leur lointaine soirée passée à l'Opéra.

Et puis, il faut bien l'avouer un peu, si les œuvres de Berlioz, de César Franck et de Massenet, ne portèrent point tous leurs fruits dès l'abord aux yeux du public, cela tenait à l'interprétation. Les musiciens, le mæstro lui-même, malgré les magies de sa baguette, se souciaient beaucoup plus de la forme que du fond, de l'âme de cette musique, manquaient souvent l'effet attendu, et trouvaient un accueil explicitement glacial où ils attendaient une ovation.

C'est que de Pasdeloup à Colonne il y a tout un monde. Pourtant, c'est au premier que revient en partie l'honneur de cette noble tentative dont le début était de rendre le public juge de certaines œuvres musicales, devant lesquelles, jusqu'alors, les directions théâtrales, effarouchées, avaient reculé.

C'est que, du fait même de notre misérable imperfectibilité humaine, l'art n'est pas indépendant du commerce, et les grands artistes, de quelque ordre qu'ils soient, peuvent en témoigner.

Edouard Colonne eut à compter plus que tout autre avec ces préoccupations administratives, parce

qu'il avait groupé autour de lui un monde d'adeptes,
artistes, exécutants ou choristes. et que, entreprenant
cette œuvre immense qu'est aujourd'hui l'Association
Artistique, il lui fallait en toute justice rétribuer ceux
qui lui prêtaient leur talent et leur concours. Or,
retrouver ces dépenses énormes par l'affluence du
public, ne se peut que lorsqu'une tentative de cet
ordre s'est imposée par le temps, par cette immense
voix du peuple qui est la presse dont il s'inspire en
la plupart de ses jugements.

Et le monde de venir aujourd'hui se recueillir
en foule au Châtelet: il paiera, s'il le faut, vingt francs
le fauteuil, écoutera religieusement ce qu'il plaira au
maître de lui donner; Colonne et ses concerts sont
en effet consacrés.

A l'égal des notables commerçants, il pourrait
impunément, s'il le voulait, exploiter la naïveté des
foules attirées par la renommée et leur servir des
Berquinades, ou plutôt des Bernicades, qui se gobe-
raient comme des muscades, et l'austère Willy lui-
même, sous le point de maligne dentelle qui garnit
le petit bonnet rose de l'*Ouvreuse,* n'y trouverait
rien à redire. Mais. Colonne est grand et généreux et
pardonne à ceux. connus ou inconnus, qui accueillirent
ironiquement ses premières tentatives.

Car il dut être de ceux qui comptèrent beaucoup
d'envieux et de jaloux, celui dont les premiers pas
dans la vie musicale suivirent de si près les jeux de
l'enfance, celui qui, à l'aurore de sa quatorzième
année. à l'âge où nous faisions encore docilement
nos devoirs sous l'œil des parents et des maîtres
attentifs à nos moindres fautes, marchait seul dans
la vie, et, jeune adolescent aux tresses mordorées,

frappait magistralement déjà sa première baguette
de chef d'orchestre sur le pupitre du théâtre des
Funambules, aux Quinconces bordelais

C'était en 1852. Edouard Colonne comptait à
peine quatorze ans et beaucoup d'espérances. nour-
rissant des masses d'illusions. Heureux mortel qui
ne les a pas tuées toutes, puisque la plus belle qui
dut lui germer à l'aurore de sa vingtième année s'est
réalisée, j'ai nommé l'instauration, parmi nous, de la
véritable grande musique.

Mais les illusions, non plus que les espérances,
ne passèrent jamais pour posséder la vertu de calmer
ineffablement les fournisseurs et les créanciers. Aussi
bien, pour subsister, le jeune Edouard, bagout en
poche, faisait-il comme firent, font et feront des cen-
taines de milliers d'entre ceux qui, partis de rien.
veulent devenir quelque chose, et ont rêvé de con-
quérir l'admiration de leurs semblables.

Maints poètes pour vivre, durent compulser de
poussiéreux dossiers administratifs, ou peiner à quelque
besogne de boutique ou d'imprimerie. Colonne, lui,
dans sa sphère, trouva de la musique à copier. Il
paraît que Jean-Jacques Rousseau n'avait pas tout
pris. puisqu'il en resta au jeune Bordelais juste assez
à transcrire pour lui permettre de se faire recevoir
quatre ans plus tard, c'est-à-dire en 1857, parmi les
premiers violons du père Pasdeloup qui donnait en
ce temps-là ses premiers concerts dans la salle Herz.
alternativement avec ceux du Conservatoire.

J'insiste sur ces particularités de la biographie
d'un artiste, parce que d'abord elles sont loin de lui
déplaire. qu'ensuite elles prouveront une fois de plus
aux jeunes que la ténacité et la persévérance, forti-

fiant l'art au lieu de l'annihiler, malgré les apparents obstacles qui, au premier abord semblent insurmontables, triomphent toujours, et qu'enfin les ennuis de la vingtième année, si considérables puissent-ils être, pâlissent et semblent jeux d'enfants auprès des luttes de l'âge mûr.

Cela surtout pour le musicien, le peintre et le sculpteur, dont l'art, en quelque sorte, est exclusif et doit les accaparer tout entiers. Le poète, lui, a du moins cette ressource, que je bénis tout le premier, la trouvant maintes fois sur mon chemin, c'est d'attendre, pour mettre en lumière l'œuvre que son inspiration lui a suggérée, le bénévole éditeur. Jusque là, l'œuvre moisit dans le tiroir, c'est vrai, mais avant de l'offrir à l'admiration ou à la jalousie, avant de pâlir sous la critique, elle a du moins pu faire le bonheur de plusieurs familles, d'un cercle d'amis, d'une maîtresse aimée. Pour l'écrire, il n'en a coûté à l'auteur que les quelques instants de méditation silencieuse pendant lesquelles l'idée a surgi et a, par le contact de la volonté humaine, échangé l'étincelle d'essence divine. Puis, une plume, un peu d'encre et du papier. Quelle tout autre mise de fonds pour le peintre, le sculpteur et le musicien. De plus, pour qu'un de ces trois derniers artistes puisse mûrir précieusement l'œuvre, il faut éloigner de lui toute abondance nuisible d'un travail étranger, matériel ou intellectuel, pénible et monotone. Donc il faut des rentes, ou sinon attendre qu'elles viennent. Et c'est peut-être là une des raisons pour lesquelles Colonne est chef d'orchestre et non compositeur. Qui sait? une cellule de notre pie-mère se ferme pour de moindres prétextes.

Toujours est-il que Colonne eut à lutter, puisqu'il passa dix années de sa vie à l'orchestre de l'Opéra comme violon, de 1858 à 1868, et que, plus tard, il se résolut à partir en Amérique avec un nouveau bâton de chef d'orchestre, celui-ci un peu plus grand déjà.

Or, quand il revint, le hasard le fit désigner pour terminer une nouvelle tournée dans laquelle Mme Galli-Marié était prima-donna. La façon dont il s'en tira éveilla l'attention de Vaucorbeil, lequel décida son confrère Duquesnel, alors directeur de l'Odéon, à laisser organiser chez lui des concerts. Le bailleur de fonds Hartmann était là comme garantie. Et, pour ne pas trop dérouter le public, on décida de commencer par des adaptations. Le pli des concerts populaires Pasdeloup était, en effet, déjà pris, et il est difficile de déshabituer sans déplaisir le public d'une chose dont il n'est pas encore saturé.

Et, bien que la tentative du *Concert National* fût plus jeune de douze ans que son aînée, la première audition donnée à l'Odéon datant du 2 mars 1873, les *Érynnies* de Massenet, écrites pour quatuor et trombones, suffirent à intimider. Quand, en novembre 1874, à la suite d'une réorganisation, le *Concert National*, devenu l'*Association Artistique*, avec Ambroise Thomas comme président honoraire, commença par servir du Berlioz, puis du Bizet et du Wagner, ce fut bien pis encore.

La preuve, c'est que dans l'intervalle cinquante mille francs avaient été sacrifiés à faire admirer à des barbares la *Rédemption*, de César Franck, et la *Magdeleine*, de Massenet. Hartmann ne voulut plus rien entendre. L'art infructueux n'est pas du goût de nos Mécènes contemporains, et la gloire se proportionne aux bénéfices. Il fallut donc à Edouard Colonne toute la vaillance et la fermeté qu'il déploya en d'aussi difficiles circonstances, pour conserver auprès de lui un orchestre de cette valeur. Et les deux cent vingt-cinq francs de mise de fonds du premier concert du Châtelet donné par la nouvelle Association, sont devenus légendaires.

Par bonheur, il fut doué de cette perspicacité qui montre aux élus de l'art le vrai chemin et leur fait entrevoir l'avenir en leur assurant la fortune, comme juste récompense de leurs laborieux efforts, le jour où la foule, d'abord incrédule, aura répondu à l'appel de la renommée. Edouard Colonne comprit qu'il y avait autre chose dans la musique que Gounod, Verdi et Rossini. Il devina que l'essor international avait été trop longtemps circonscrit et que l'on gagnerait à interpréter devant des Français, avec tous les moyens artistiques qu'elles comportent, les œuvres symphoniques de Beethoven, de Bach et de Schumann. Et, visant plus haut et plus généreusement encore, il résolut de rendre à la lumière des méconnus de génie, qui, eux, étaient Français et avaient nom Bizet et Berlioz.

Car, si humanitaire, si socialiste que puisse être un peuple, l'influence des traditions ne saurait encore s'effacer chez lui au point de préférer les auteurs étrangers à ses propres enfants. Sans quoi, où serait l'émulation?

Dans une juste mesure, le jeune maestro sut d'abord initier ses habitués à l'audition des œuvres de Bach, de Haendel, de Grieg, de Tchaikowsky, et, sans toutefois négliger, loin de là, l'art wagnérien dont il laissa le soin des performances à son collègue Lamoureux, il s'attacha pour sa part à étudier dans notre jeune génération les œuvres qui, procédant directement de Berlioz, favorisaient l'évolution musicale en France.

Et il vit, non sans étonnement tout d'abord, mais cet étonnement disparut par la suite, qu'à l'égal de la poésie, du théâtre et du roman, la musique avait fait un grand pas dans le domaine social, et que, de quelque côté qu'il l'entrevit, elle s'imposait comme la grande religion universelle de demain, et cela par le moyen surhumain, presque divin, de la symphonie.

Il le vit d'autant mieux qu'il était un de ces chefs d'orchestre qui savent au juste leur rôle, se pénètrent entièrement de l'œuvre qu'ils vont faire interpréter et que l'âme de cet orchestre se transpose par cela même dans l'âme du compositeur agrandie par une sorte de mégaphone naturel.

Et qu'il chevauche avec les Walkyries, ou à la suite de Faust dans les flammes infernales ; qu'il suive les parents de Jésus dans le désert bleu aux mirages lointains, sa pensée se confond avec ce qu'il voit intérieurement, et il se transfigure.

Certes, cette façon pour un chef d'orchestre d'envisager la musique, ne peut émaner que d'un artiste. Seuls, des chimériques comme nous pensent se guider sans trop d'égarement en ce labyrinthe de l'infini artistique. Et ce n'est pas un mal. Car si le bourgeois lui-même, l'épicier du boulevard Sébastopol, venu l'un de ces dimanches entendre les concerts du Châtelet, voyait la musique et celui qui la gouverne à travers un tel nuage éthéré, où donc irait le monde ?

Lamoureux, lui, est moins inventif, plus déductif par conséquent. C'est un maestro à grand effet, et qui, rigoureusement, doit obtenir tel point d'orgue à telle seconde. Pour lui, point de foudres, point d'enveloppements ni de rêveries, par suite point d'emballements. Lamoureux, si wagnérien qu'il soit, serait j'imagine, aujourd'hui, désavoué par Wagner.

Pourtant, par un hasard inexplicable, la manière de Colonne plut à l'Académie Nationale de Musique. Ayant eu successivement les palmes et la croix, il se vit enfin appelé, en décembre 1891, à prendre le pupitre de l'Opéra, rêve si longtemps caressé, enfin réalisé; cependant que Bertrand assumait à lui seul, bien que pour peu de temps, les lourdes responsabilités partagées jusqu'alors par Ritt ou Gailhard.

A l'Opéra, il présida à la mise en œuvre de *Salammbô*, de *Samson et Dalila*, du ballet de la *Maladetta* et enfin de la *Walkyrie*. Et ce furent autant de succès, de triomphes.

De plus il obtint pour un jeune compositeur dont nous retrouverons l'œuvre plus loin, car elle procède directement du sujet traité ici, la faveur de faire jouer une œuvre d'un genre inusité, d'un romantisme plus osé que tout autre jusqu'alors, et propre évidemment à étonner les âmes simples.

J'ai nommé Gustave Charpentier et la *Vie du Poète.*

Si Colonne était resté à l'Opéra, celui-ci eût évidemment enrichi son répertoire de tous les chefs-d'œuvre de Berlioz et de quelques autres compositions de la jeune école. Les trop lourdes charges que lui imposait cette double direction, les pertes considérables que lui causaient des renoncements forcés, étant donné sa situation, à des offres engageantes, l'ont obligé à se démettre de celle des deux fonctions dans laquelle il n'avait pas incarné sa personnalité tout entière,

Ceci au regret de tout ceux qui touchent de près ou de loin à l'Opéra, mais à la grande joie des abonnés du Châtelet qui retrouveront Colonne dégagé de soucis trop absorbants, et préoccupé uniquement de l'avenir de l'art musical : tâche noble et généreuse dans laquelle il est merveilleusement aidé par une compagne affectionnée, qu'inspirèrent, elle aussi les œuvres de Berlioz. Mademoiselle Vergin, devenue par la suite, Madame Edouard Colonne, fut, l'on s'en souvient, une délicieuse Marguerite et une non moins captivante Juliette. Depuis d'ailleurs, elle a formé d'excellentes élèves, pour lesquelles nulle, mieux qu'elle, ne sait se dévouer.

* * *

Colonne et Berlioz : Lamoureux et Wagner. Ces mots seuls, révélateurs par eux-mêmes, me semblent expliquer suffisamment combien l'influence évolutive du premier fut plus réellement nationale, alors que celle du second ne le fut qu'incidemment, et ne date que d'après l'importation musicale étrangère.

Certes, Wagner a produit de l'effet, au milieu de nous, et il a fallu les vingt années nécessaires à l'apaisement des rancunes de deux pays, pour nous permettre de savourer paisiblement de grandes épopées musicales, avec, en moins, cependant, les dispositions étonnantes du théâtre de Bayreuth.

Cet illuminé de génie qui fut Louis II de Bavière a vraiment contribué, lui aussi, au progrès de l'art : mais combien plus nous importait à nous, la réhabilitation d'un des nôtres, bafoué presque jusqu'à sa mort par les pontifes de son temps, fermés à son symbolisme musical comme tant d'autres ignorants le sont encore au symbolisme poétique, qui est pour tout plus propice au progrès de notre littérature, quand il est sincère et vraiment inspiré, que les errements des Gréard, des Malvezin et autres cuistres de la société de „filologie" à l'égard de notre vieille langue française qu'ils veulent à toute force amputer, afin sans doute de laisser leur nom attaché à quelque sottise, n'ayant rien de mieux sous la main.

Ce symbolisme a sa raison d'être, parce que tout art pour s'exprimer a recours à des symboles, et qu'une idée ne prend de consistance que grâce à une image visuelle ou sonore, laquelle est, son nom l'indique, un symbole.

J'ai vu des naïfs me soutenir qu'une œuvre nouvelle n'était pas bonne tant qu'elle n'avait pas reçu la sanction du gros public qui ne la comprenait pas. Cela s'adressait généralement à des œuvres symbolistes, de haute allure, et dont la compréhension n'apparaissait immédiate qu'à des esprits d'élite. Nombre de ces détracteurs ont d'ailleurs quitté l'arène littéraire pour la Bourse du Commerce; mais combien parmi nous sont restés des passementiers et des commerçants de l'art, et se figurent que, parce que *Champignol malgré lui*, ou *Trois Femmes pour un mari*, ont depuis longtemps dépassé la centième, ce sont là des chefs-d'œuvre. Chefs-d'œuvre pour masses, pour le populaire, oui, ni plus ni moins que *En Revenant de la Revue* ou les *Gardes Municipaux* sont chefs-d'œuvre pour titis et gavroches. Je croirais plutôt que l'approbation unanime d'un cénacle de vrais artistes, est une plus réelle garantie de l'excellence d'une œuvre. Faudrait-il donc pour admettre par exemple du talent à Berlioz que le bourgeois venu pour ses huit francs écouter la *Damnation* pût en rapporter l'air qu'il fredonnera la semaine durant, comme s'il allait entendre *Miss Helyett* ou les *Cloches de Corneville*, encore que je ne nie point de jolies pages dans ces deux opérettes.

Dans ce cas, Berlioz serait le dernier des musiciens. Et les symphonistes, donc, et Beethoven, et Schumann, et Saint-Saëns et César Franck ! Si je vous disais encore que les mères de famille du noble faubourg, et de l'autre aussi, sans doute, scandalisées, ont emmené leurs filles hors du concert, au début de la dernière partie de la *Vie du Poète*. Celui-là fut-il donc aussi un mauvais musicien, qui débuta à la fleur de l'âge par les *Impressions d'Italie*.

Pourquoi, poètes et vous musiciens, chercher la renommée au milieu des foules ? Pour en tirer profit pécuniairement ? C'est hélas, votre seule excuse. Car sans cela, autant vaudrait demander aux bergers béarnais qui approvisionnent Paris de lait de chèvre, leur avis sur les *Poèmes Saturniens* de Verlaine. Panurge, encore et toujours Panurge !

Et nous devrions nous en désoler ? Allons donc ! Qu'ils nous écrasent sous le fardeau de la nécessité, s'ils le peuvent, soit, mais jamais l'art ne criera grâce devant la mode. Il serait trop près du ridicule. Il marchera de l'avant quand même, et, lorsque les incrédules s'apercevront de ce qu'ils sont loin, bien loin derrière, ils tendront les mains vers nous, suppliants. Alors, que Dieu nous préserve de nous attarder à notre tour pour les recueillir par pitié. Les ambulances ont de tout temps retardé la marche des armées.

D'autres sont encore derrière, qui avancent, leur vitesse dépasse la nôtre; il importe, qu'elle ne le fasse point avant que l'âge ait sonné pour nous l'heure de la retraite.

Et c'est à ces derniers, devenus vainqueurs, qu'il appartient de réhabiliter les méconnus. Ce sont eux, et Colonne fut du nombre, qui ont rendu Berlioz à notre admiration un peu égoïste, et ont condamné les indifférents au respect et à la déférence envers ce martyr de l'art.

„Ils viennent à moi quand je m'en vais.“ disait le Maître. Maintenant, ils ne jurent que par lui. C'est la désolante destinée des belles choses ici-bas.

D'ailleurs, son œuvre, comme l'affirmait César Franck, est faite de chefs-d'œuvre. Et, autre mérite non moins supérieur, chacun de ces chefs-d'œuvre s'oriente dans un sens musical tout différent du précédent, et chacun, dans la direction qu'il s'est donnée, provoque l'admiration.

La *Damnation de Faust* et les *Troyens* sont des œuvres mâles par excellence. La première surtout, parce qu'elle est fière et violente jusque dans la tendresse des pages d'amour. Aux chœurs d'étudiants, à ces marches guerrières, succèdent ces chansons de la Puce et du Rouet, chansons masculines d'allure, et la grande invocation à la *Nature*. C'était l'œuvre, non seulement d'un homme, mais presque d'un Dieu. Aussi, lorsqu'elle fut donnée en 1878 au Châtelet, ne quitta-t-elle point l'affiche de toute la saison.

Plus câline et plus touchante, cette idylle de *Béatrix et Bénédict*, avec dans ce duo enivrant de Hero et d'Ursule, quelque chose de Shakspearien. L'influence du grand poète anglais parvient à son apogée avec *Roméo et Juliette* où l'on revit toute une époque, tant l'on est pénétré du sujet, sans ce besoin d'associations d'idées, si pénible dans les œuvres lyriques, et qui rend si particulièrement difficile la compréhension de la grande musique.

Mais, où Berlioz sort de l'humain, pour s'élever au céleste, c'est dans l'*Enfance du Christ*, opposition mystique et radieuse à la diabolique, chevauchée de Faust et de Méphistophélès.

C'est dans un silence religieux, avec des attitudes de fidèles que l'on écoute le Chœur des bergers, et le *Repos de la Sainte Famille*, que le récitant ordinaire, Warmbrodt détaille avec une précision, et une clarté tout artistiques:

> Les pèlerins étant venus
> En un lieu de belle apparence,
> Où se trouvaient arbres touffus
> Et de l'eau pure en abondance,
> Saint-Joseph dit: „Arrêtez-vous,
> Près de cette claire fontaine,
> Après si longue peine,
> Ici reposons-nous.“

L'enfant Jésus dormait. Pour lors Sainte-Marie, arrêtant l'âne répondit:

> „Voyez ce beau tapis d'herbe douce et fleurie,
> Le Seigneur, pour mon fils, au désert l'étendit.“
> Puis s'étant assis sous l'ombrage
> De trois palmiers au vert feuillage.
> L'âne paissant,
> L'enfant dormant.
> Les sacrés voyageurs quelque temps sommeillèrent.
> Bercés par des songes heureux,
> Et les anges du ciel, à genoux autour d'eux.
> Le divin Enfant adorèrent!
> *Chœur:*
> Alleluia!
> Alleluia!

Cette *Enfance du Christ* me paraît une tendance au mysticisme musical, parallèle lui aussi au mysticisme pictural et poétique. D'ailleurs, Hector Berlioz, qu'il soit romantique ou mystique, a une descendance musicale.

Il a pour perpétuer ses conceptions du beau toute une filiation de compositeurs de grand avenir, tels Vincent d'Indy, Gutave Charpentier d'une part, César Franck de l'autre.

Du premier, le *Chant de la Cloche* a fait les délices de maints concerts, celui de Lamoureux entre autres.

Gustave Charpentier au contraire paraît plus dans son milieu à l'Association Artistique. Ce tout jeune compositeur frais émoulu de l'Ecole de Rome, d'où il nous a rapporté ses magnifiques *Impressions d'Italie,* et dans icelles, le tableau de *Napoli,* rempli de grandeur, d'une intensité de coloris, de verve et de conception musicales qui suffit à le consacrer pour l'avenir.

Celui-là, un vrai romantique lui aussi, bien plus que le César Franck du *Chasseur Maudit,* et pas encore mystique, comme celui des *Béatitudes.* Sa *Vie du Poète,* une œuvre de race, dénote amplement son romantisme, et l'on souhaite ardemment une suite à cette superbe série. Et puis dans la *Vie du Poète* il y a ce que je voudrais voir dans la musique de demain: une note sociale qui déjà s'accentue. Tendance difficile à dégager, parce qu'en musique, on s'imagine aisément qu'on est transporté dans un autre monde, où tout est éthéré, où les sensations ne sont éprouvées que d'après des images alimentées elles-mêmes par de simples idées. Donc rien de réel, de palpable. Ici, au contraire, étant donné que l'on se trouve dans la chambre d'un jeune poëte montmartrois, dont les illusions et les enthousiasmes juvéniles s'effacent devant les tristes réalités de la vie, pour faire place à l'oubli par la boisson, un jour de guinguette dans un bal de la Butte, au Moulin de la Galette, cette opposition de gaité factice brutale et passagère de folles filles qui dansent, menées par le rythme cadencé de pistons bossués, et de la morne tristesse du rimeur désespéré, évoque l'idée d'une grande misère morale. Delà à une musique socialiste, il n'y aurait aussi qu'un léger pas. Et l'on y viendra, le jour où un novateur s'imposera, assez hardi, assez audacieux et surtout assez persévérant, pour établir un *Théâtre-Libre-Lyrique*, parallèle à celui d'Antoine, et qui bientôt parviendrait à son niveau, la voie étant tracée.

Qui nous eût dit que la peinture et la poésie, le drame et le roman, franchiraient des étapes aussi considérables pour entrer enfin dans la voie de guérison des misères sociales à l'aurore du siècle qui approche. Et c'est cependant le grand mérite de notre époque : idéaliser par l'art les matérialités de la vie.

De même qu'une filiation s'établit dans cet ordre, quant au roman avec Balzac, Flaubert, Zola, et les jeunes qui tendent à la destruction, de même en musique, Berlioz et Charpentier représentent la marche vers le progrès et la régénération populaire. Et l'effet sera réel, parce que la musique renferme en elle comme une inspiration religieuse qui nous conduit, qu'elle seule exprime les grandes passions, et parce qu'elle est l'art par excellence dont les conceptions partent de points inabordables aux autres arts

Et voilà pourquoi Edouard Colonne s'est attaché à populariser Berlioz qu'il aimait, puisqu'il sentait de quel effet sur les masses, devaient être les sentiments et les passions exprimés comme ils l'étaient par ce sonoriste échevelé mais génial.

Il devina de plus que pour le rendre compréhensible, en même temps que surhumain, il fallait exécuter son œuvre avec toute la perfection désirable. Non point mécaniquement, mais avec cet enveloppement majestueux qui montre combien chaque éxécutant s'est inspiré de l'œuvre et la possède.

Et, comme Edouard Colonne seul a réalisé ce projet, c'est bien à lui que revient la gloire d'avoir popularisé Berlioz et d'en avoir fait l'âme de ses concerts.

D'ailleurs, la vogue ne tarda point, dans un moment donné, à justifier ses prévisions. Ce fut à de certains jours, comme une exaltation pour des œuvres même moins bonnes du poète musicien. Ce furent des ovations pour des interprètes hors ligne telles que Mademoiselle Vergin, depuis Madame Colonne, pour Mesdames Berthe de Montalant et Marcella Pregi, pour des artistes comme Lauwerts, Vergnet, Fournets et Warmbrodt.

D'ailleurs l'orchestre, mené par des chefs de pupitre tels que Pennequin et Italiander, violonistes de première force, a de qui tenir. Le violoncelliste Baretti, le contrebassiste Deligny, le violon Roillet, et leurs camarades Cantié, Roux (flûte), Longy (hautbois), Terrier (clarinette), Hambourg (basson), Delgrange (cor), Routier (trompettes), Flandrin (trombone), Vizentini (batterie) et Madame Provincialis-Helmer, harpiste de grande valeur, forment un ensemble susceptible de seconder utilement le chef d'orchestre dans sa tâche ardue, où le double fort habilement le sous-chef d'orchestre M. Laporte. Les chœurs, savamment conduits par M. Fock, ont conscience de leur importance, et de la précision que l'on attend d'eux en de délicates auditions sur lesquelles se portent avec autant d'intérêt l'attention de tous les spectateurs.

A ces tentatives vers l'évolution, Edouard Colonne a joint aussi le souci de donner à son public des auditions d'œuvres méritant réellement une audition et tout le travail immense que représente cette audition. C'est ainsi que depuis bientôt vingt ans, les dilettante ont pu se régaler des œuvres de Bizet, dont les *Pêcheurs d'Islande* furent un grand succès, ainsi que la *Jolie Fille de Perth*, du *Chasseur Maudit*, de *Rédemption*, et des *Béatitudes*, de César Franck.

On a goûté, apprécié ou discuté le *Tasse*, les *Guelfes* et les symphonies de Benjamin Godard, un jeune compositeur de grande valeur, la *Chevauchée du Cid*, de Vincent d'Indy, l'enfant chéri de cette Colonnophobe endurcie que fut l'*Ouvreuse*, et plus récemment, les œuvres d'un compositeur danois, Grieg. *Peer Gynt* entre autres, musique écrite pour un drame d'Ibsen, qui dénote des qualités d'avenir, et sera peut-être le début d'une école musicale, dans cette Scandinavie où le progrès artistique est en si belle voie.

Et, pour avoir donné beaucoup d'œuvres de jeunes, pour avoir rendu presque célèbres avant l'âge requis jusqu'à ce jour Paladilhe, Fauré, Bruneau et maints autres, on n'a point laissé de côté les pages superbes de Massenet, ou de Saint-Saëns. Du premier, les *Scènes Napolitaines* et *Alsaciennes*, les *Erynnies* furent bien souvent trissées, et les *Poëmes Sympho-niques* du second, aussi le *Rouet d'Omphale* ont eu des milliers d'admirateurs.

De même par un esprit d'esthétique tout éclectique, Edouard Colonne a entremêlé ses programmes d'œuvres de Glück, de Mozart, de Bach, de Haendel, de Mendelssohn, de Schubert, de Beethoven, de Weber, de Schumann, de Rubinstein, et plus près de nous encore, de Wagner, de Reyer et de Jonciéres.

Qu'il s'agisse de *Dimitri*, de *Sigurd*, ou de la *Chevauchée des Walkyries*, c'est pour lui un égal souci de pénétration musicale et d'incarnation dans la pensée de l'auteur. N'est-ce pas la véritable clé de perfection ?

Autre qualité : bien que respectueux de la mesure et du sens poétique d'une partition, il ne cherche jamais à se faire valoir personnellement ; et c'est peut-être un des plus grands mérites du chef d'orchestre, que cette modestie de métier qui est une force, puisqu'il sait s'effacer devant une exécution supérieure, et élude, par cela même la monotonie qui ressortirait fatalement s'il cherchait trop visiblement à faire valoir chaque mesure.

Car l'influence du maestro sur son orchestre est une des conditions du succès, selon la direction qu'elle prend.

Celle d'Edouard Colonne est, musicalement parlant, extraordinaire. C'est elle d'ailleurs qui a valu à l'Opéra le triple succès de *Salammbô*, de *Samson et Dalila* et de la *Walkyrie*.

C'est aussi cette influence qui, animant d'une entière confiance des interprètes de grande valeur, tels que Mesdames Roger-Miclos, Essipoff, Montigny,

Pauline Viardot, des exécutants aussi sûrs d'eux mêmes que d'Albert, Hans de Bülow, Diemer, Delaborde et Sarasate, leur a fait accomplir les prodiges dont on se souvient.

Aussi bien sommes-nous confiants, nous aussi, dans le succès de la prochaine saison, la vingtième en date.

Maintenant que Colonne a retrouvé le temps qui lui était indispensable pour se consacrer à son œuvre, si exclusive par elle même, et où le seconde si intelligemment son secrétaire, notre charmant confrère Petitjean, souhaitons qu'à l'égal d'Antoine, il nous révèle encore quelques jeunes d'avenir et que les pages de Berlioz et de Wagner favorisent l'éclosion de nouveaux talents, capables d'apporter, eux aussi, leur pierre à ce temple de la Religion Naturelle, à ce *Théâtre-Lyrique-Libre* de demain, où l'on viendra bientôt adorer la divinité musicale.

Alcanter de Brahm.

TABLE.

IMPRIMERIE Vve. CHR. KRÜSI. BALE.